全国"七五"普法学习读本
★ ★ ★ ★ ★

农药管理法律法规学习读本
农药生产供应法律法规

■ 曾 朝 主编

加大全民普法力度,建设社会主义法治文化,树立宪法法律至上、法律面前人人平等的法治理念。

——中国共产党第十九次全国代表大会《决胜全面建成小康社会 夺取新时代中国特色社会主义伟大胜利》

汕头大学出版社

图书在版编目（CIP）数据

农药生产供应法律法规 / 曾朝主编. -- 汕头：汕头大学出版社，2018.5
（农药管理法律法规学习读本）
ISBN 978-7-5658-3520-9

Ⅰ.①农… Ⅱ.①曾… Ⅲ.①农药-药品管理-法规-中国-学习参考资料 Ⅳ.①D922.44

中国版本图书馆 CIP 数据核字（2018）第 037631 号

农药生产供应法律法规　NONGYAO SHENGCHAN GONGYING FALÜ FAGUI

主　　编：	曾　朝
责任编辑：	邹　峰
责任技编：	黄东生
封面设计：	大华文苑
出版发行：	汕头大学出版社
	广东省汕头市大学路 243 号汕头大学校园内　邮政编码：515063
电　　话：	0754-82904613
印　　刷：	三河市祥宏印务有限公司
开　　本：	690mm×960mm 1/16
印　　张：	18
字　　数：	226 千字
版　　次：	2018 年 5 月第 1 版
印　　次：	2018 年 6 月第 1 次印刷
定　　价：	59.60 元（全 2 册）

ISBN 978-7-5658-3520-9

发行／广州发行中心　通讯邮购地址／广州市越秀区水荫路 56 号 3 栋 9A 室　邮政编码／510075
电话/020-37613848　传真/020-37637050

版权所有，翻版必究
如发现印装质量问题，请与承印厂联系退换

前　言

习近平总书记指出："推进全民守法，必须着力增强全民法治观念。要坚持把全民普法和守法作为依法治国的长期基础性工作，采取有力措施加强法制宣传教育。要坚持法治教育从娃娃抓起，把法治教育纳入国民教育体系和精神文明创建内容，由易到难、循序渐进不断增强青少年的规则意识。要健全公民和组织守法信用记录，完善守法诚信褒奖机制和违法失信行为惩戒机制，形成守法光荣、违法可耻的社会氛围，使遵法守法成为全体人民共同追求和自觉行动。"

2016年4月，中共中央、国务院转发了《中央宣传部、司法部关于在公民中开展法治宣传教育的第七个五年规划（2016—2020年）》，简称"七五"普法规划。并发出通知，要求各地区各部门结合实际认真贯彻执行。通知指出，全民普法和守法是依法治国的长期基础性工作。深入开展法治宣传教育，是贯彻落实党的十八大和十八届三中、四中、五中全会精神的重要任务，是实施"十三五"规划、全面建成小康社会和新农村的重要保障。

"七五"普法规划指出：各地区各部门要根据实际需要，从不同群体的特点出发，因地制宜开展有特色的法治宣传教育……坚持集中法治宣传教育与经常性法治宣传教育相结合，深化法律进机关、进乡村、进社区、进学校、进企业、进单位的"法律六进"主题活动，完善工作标准，建立长效机制。

特别是农业、农村和农民问题，始终是关系党和人民事业发展的全局性和根本性问题。党中央、国务院发布的《关于推进社会主义新农村建设的若干意见》中明确提出要"加强农村法制建设，深入开展农村普法教育,增强农民的法制观念,提高农民依法行使权利和履行义务的自觉性。"多年普法实践证明,普及法律知识,提高法制观念,增强全社会依法办事意识具有重要作用。特别是在广大农村进行普法教育,是提高全民法律素质的需要。

多年来,我国在农村实行的改革开放取得了极大成功,农村发生了翻天覆地的变化,广大农民生活水平大大得到了提高。但是,由于历史和社会等原因,现阶段我国一些地区农民文化素质还不高,不学法、不懂法、不守法现象虽然较原来有所改变,但仍有相当一部分群众的法制观念仍很淡化,不懂、不愿借助法律来保护自身权益,这就极易受到不法的侵害,或极易进行违法犯罪活动,严重阻碍了全面建成小康社会和新农村步伐。

为此,根据党和政府的指示精神以及"七五"普法规划,特别是根据广大农村农民的现状,在有关部门和专家的指导下,特别编辑了这套《全国"七五"普法学习读本》。主要包括了广大人民群众应知应懂、实际实用的法律法规。为了辅导学习,附录还收入了相应法律法规的条例准则、实施细则、解读解答、案例分析等;同时为了突出法律法规的实际实用特点,兼顾地方性和特殊性,附录还收入了部分某些地方性法律法规以及非法律法规的政策文件、管理制度、应用表格等内容,拓展了本书的知识范围,使法律法规更"接地气",便于读者学习掌握和实际应用。

在众多法律法规中,我们通过甄别,淘汰了废止的,精选了最新的、权威的和全面的。但有部分法律法规有些条款不适应当下情况了,却没有颁布新的,我们又不能擅自改动,只得保留原有条款,但附录却有相应的补充修改意见或通知等。众多法律法规根据不同内容和受众特点,经过归类组合,优化配套。整套普法读本非常全面系统,具有很强的学习性、实用性和指导性,非常适合用于广大农村和城乡普法学习教育与实践指导。总之,是全社会"七五"普法的良好读本。

目　录

农药生产管理办法

第一章　总　则 ………………………………………（1）
第二章　农药生产企业核准 …………………………（2）
第三章　农药产品生产审批 …………………………（4）
第四章　监督管理 ……………………………………（6）
第五章　罚　则 ………………………………………（7）
第六章　附　则 ………………………………………（8）
附　录
　　农药生产许可管理办法 …………………………（10）
　　农药经营许可管理办法 …………………………（17）
　　农药登记资料规定 ………………………………（24）
　　农药产品有效成分含量的管理规定 ……………（123）

农药产业政策

第一章　政策目标 ……………………………………（126）
第二章　产业布局 ……………………………………（127）
第三章　组织结构 ……………………………………（128）
第四章　产品结构 ……………………………………（129）
第五章　技术政策 ……………………………………（129）
第六章　生产管理 ……………………………………（130）
第七章　进出口管理 …………………………………（131）

第八章　市场规范 …………………………………………（132）
第九章　中介组织 …………………………………………（132）
第十章　社会责任 …………………………………………（133）
第十一章　其　他 …………………………………………（134）
附　录
　　化学农药调运交接办法 ………………………………（135）

农药生产管理办法

国家发展和改革委员会令

第 23 号

《农药生产管理办法》已经国家发展和改革委员会主任办公会议审议通过，现予发布，自 2005 年 1 月 1 日起施行。原国家经济贸易委员会颁布的《农药生产管理办法》同时废止。

国家发展和改革委员会主任
二〇〇四年十月十一日

第一章　总　则

第一条　为加强农药生产管理，促进农药行业健康发展，根据《农药管理条例》，制定本办法。

第二条　在中华人民共和国境内生产农药，应当遵守本办法。

第三条　国家发展和改革委员会（以下简称国家发展改革委）对全国农药生产实施监督管理，负责开办农药生产企业的核准和农药产品生产的审批。

第四条　省、自治区、直辖市发展改革部门（或经济贸易管理部门等农药生产行政管理部门，以下简称省级主管部门）对本行政区域内的农药生产实施监督管理。

第五条 农药生产应当符合国家农药工业的产业政策。

第二章 农药生产企业核准

第六条 开办农药生产企业（包括联营、设立分厂和非农药生产企业设立农药生产车间），应当经省级主管部门初审后，向国家发展改革委申报核准，核准后方可依法向工商行政管理机关申请领取营业执照或变更工商营业执照的营业范围。

第七条 申报核准，应当具备下列条件：

（一）有与其生产的农药相适应的技术人员和技术工人；

（二）有与其生产的农药相适应的厂房、生产设施和卫生环境；

（三）有符合国家劳动安全、卫生标准的设施和相应的劳动安全、卫生管理制度；

（四）有产品质量标准和产品质量保证体系；

（五）所生产的农药是依法取得过农药登记的农药；

（六）有符合国家环境保护要求的污染防治设施和措施，并且污染物排放不超过国家和地方规定的排放标准；

（七）国家发展改革委规定的其他条件。

第八条 申报核准，应当提交以下材料：

（一）农药企业核准申请表（见附件一）；

（二）工商营业执照（现有企业）或者工商行政管理机关核发的《企业名称预先核准通知书》（新办企业）复印件；

（三）项目可行性研究报告（原药项目需乙级以上资质的单位编制）；

（四）企业所在地（地市级以上）环境保护部门的审核意见（原药项目需提供项目的环境影响评价报告和环评批复意见）；

（五）国家发展改革委规定的其他材料。

第九条 申请企业应当按照本办法第八条规定将所需材料报送省

级主管部门。省级主管部门负责对企业申报材料进行初审,将经过初审的企业申报材料报送国家发展改革委。

第十条 国家发展改革委应当自受理企业申报材料之日起20个工作日内(不含现场审查和专家审核时间)完成审核并作出决定。20日内不能作出决定的,经国家发展改革委主要领导批准,可以延长10日。

对通过审核的企业,国家发展改革委确认其农药生产资格,并予以公示。

未通过审核的申报材料,不再作为下一次核准申请的依据。

第十一条 农药生产企业核准有效期限为5年。5年后要求延续保留农药生产企业资格的企业,应当在有效期届满3个月前向国家发展改革委提出申请。

第十二条 申请农药生产企业资格延续的企业,应当提交以下材料:

(一)农药企业生产资格延续申请表(见附件二);
(二)工商营业执照复印件;
(三)5年来企业生产、销售和财务状况;
(四)企业所在地(地市级以上)环境保护部门的审核意见;
(五)国家发展改革委规定的其他材料。

第十三条 申请企业应当按照本办法第十二条规定将所需材料报送省级主管部门。省级主管部门负责对企业申请材料进行初审,将经过初审的企业申请材料报送国家发展改革委。

第十四条 国家发展改革委根据企业是否满足核准时的条件,自受理企业申请材料之日起20个工作日内(不含现场审查和专家评审时间)做出是否准予延续的决定,并公示。20日内不能作出决定的,经国家发展改革委主要领导批准,可以延长10日。

逾期不申请延续的企业,将被认为自动取消其已获得的农药企业资格,国家发展改革委将注销其农药生产资格,并予以公示。未通过延续的申请材料,不再作为下一次申请延续的依据。

第十五条 生产农药企业的省外迁址须经国家发展改革委核准;

省内迁址由省级主管部门审核同意后报国家发展改革委备案。

第十六条 农药企业更名由工商登记部门审核同意后报国家发展改革委备案,并予以公示。

第三章 农药产品生产审批

第十七条 生产尚未制定国家标准和行业标准的农药产品的,应当经省级主管部门初审后,报国家发展改革委批准,发给农药生产批准证书。企业获得生产批准证书后,方可生产所批准的产品。

第十八条 申请批准证书,应当具备以下条件:

(一)具有已核准的农药生产企业资格;

(二)产品有效成份确切,依法取得过农药登记;

(三)具有一支足以保证该产品质量和进行正常生产的专业技术人员、熟练技术工人及计量、检验人员队伍;

(四)具备保证该产品质量的相应工艺技术、生产设备、厂房、辅助设施及计量和质量检测手段;

(五)具有与该产品相适应的安全生产、劳动卫生设施和相应的管理制度;

(六)具有与该产品相适应的"三废"治理设施和措施,污染物处理后达到国家和地方规定的排放标准;

(七)国家发展改革委规定的其他条件。

第十九条 申请批准证书应当提交以下材料:

(一)农药生产批准证书申请表(见附件三);

(二)工商营业执照复印件;

(三)产品标准及编制说明;

(四)具备相应资质的省级质量检测机构出具的距申请日1年以内的产品质量检测报告;

(五)新增原药生产装置由具有乙级以上资质的单位编制的建设项目可行性研究报告及有关部门的审批意见;

(六)生产装置所在地环境保护部门同意项目建设的审批意见

（申请证书的产品与企业现有剂型相同的可不提供）；

（七）加工、复配产品的原药距申请日 2 年以内的来源证明（格式见附件八）；

（八）分装产品距申请日 2 年以内的分装授权协议书；

（九）农药登记证；

（十）国家发展改革委规定的其他材料。

申请新增原药产品的，应当提交前款（一）、（二）、（三）、（四）、（五）、（六）项规定的材料。

申请新增加工、复配产品的，应当提交第一款（一）、（二）、（三）、（四）、（六）、（七）项规定的材料。

申请新增分装产品的，应当提交第一款（一）、（二）、（三）、（四）、（八）项规定的材料。

申请换发农药生产批准证书的，应当提交第一款（一）、（二）、（三）、（四）、（七）、（九）项规定的材料。

分装产品申请换发农药生产批准证书的，应当提交第一款（一）、（二）、（三）、（四）、（五）、（八）、（九）项规定的材料。

第二十条 企业生产国内首次投产的农药产品的，应当先办理农药登记，生产其他企业已经取得过登记的产品的，应在申请表上注明登记企业名称和登记证号、本企业该产品的登记状况，并可在办理农药登记的同时办理生产批准证书。

第二十一条 申请批准程序：

（一）申请企业应当按照本办法第十九条的规定，备齐所需材料向省级主管部门提出申请；

（二）省级主管部门负责组织现场审查和产品质量抽样检测工作，并如实填写农药生产批准证书生产条件审查表（见附件四）；

（三）省级主管部门负责对企业申报材料进行初审，并将经过初审的企业申报材料及农药生产批准证书生产条件审查表报送国家发展改革委；

（四）国家发展改革委自受理申报材料之日起，应在 20 个工作日内完成审查并作出决定，20 日内不能作出决定的，经国家发展改革委主要领导批准，可以延长10日。对通过审查决定的，发给农药生产批准证书并公示。

第二十二条　申请本企业现有相同剂型产品的，2年内可以不再进行现场审查。但出现以下情况的可以进行现场审查：

（一）企业生产条件发生重大变化的；

（二）省级主管部门认为有必要进行现场审查的。

第二十三条　省级主管部门在受理企业申请时，应当书面告知申请人是否需要现场审查和产品质量抽样检测及其所需要的时间。现场审查和产品质量检测所需的时间不在法定的工作期限内。

第二十四条　现场审查应当由2名以上工作人员及具有生产、质量、安全等方面经验的行业内专家进行。现场审查分合格、基本合格、不合格3类。对现场审查结果为基本合格、不合格的，审查小组应当场告知原因及整顿、改造的措施建议并如实记录于农药生产批准证书生产条件审查表中。

第二十五条　申请颁发农药生产批准证书的，可由企业提供有资质单位出具的产品质量检测报告；申请换发农药生产批准证书的，应当进行产品质量抽检或提供1年内有效的抽检报告。产品质量抽检由省级主管部门现场考核时抽样封样，企业自主选择具备相应资质的省级质量检测机构检测并出具检测报告。

第四章　监督管理

第二十六条　农药产品出厂必须标明农药生产批准证书的编号。

第二十七条　首次颁发的农药生产批准证书的有效期为2年（试产期）；换发的农药生产批准证书的有效期原药产品为5年，复配加工及分装产品为3年。

第二十八条　申请变更农药生产批准证书的企业名称，应当向省级主管部门提出申请，省级主管部门对申报材料进行初审后，报国家发展改革委核发新证书。企业需提交以下材料：

（一）农药生产批准证书更改企业名称申请表（见附件五）；

（二）新、旧营业执照或者工商行政管理机关核发的《企业名称预先核准通知书》复印件；

（三）原农药生产批准证书。

第二十九条 企业农药生产批准证书遗失或者因毁坏等原因造成无法辨认的，可向省级主管部门申请补办。

省级主管部门对申报材料进行初审后，上报国家发展改革委补发农药生产批准证书。

申请补办农药生产批准证书应当提交以下材料：

（一）农药生产批准证书遗失补办申请表（见附件六）；

（二）工商营业执照复印件。

第三十条 变更农药生产批准证书的企业名称和补办农药生产批准证书，省级主管部门应当在20个工作日内完成对申报材料的初审及上报工作。对申报材料符合要求的，国家发展改革委应当在5个工作日内办理完成相关工作。

第三十一条 农药生产企业应当按照农药产品质量标准、技术规程进行生产，生产记录必须完整、准确。每年的2月15日前，企业应当将其上年农药生产经营情况如实填报农药生产年报表（见附件七），报送省级主管部门，省级主管部门汇总后上报国家发展改革委。

第三十二条 申请企业应当如实向行政机关提交有关材料和反映真实情况，并对其申请材料实质内容的真实性负责。

第五章 罚 则

第三十三条 有下列情形之一的，由国家发展改革委撤销其农药生产资格：

（一）已核准企业的实际情况与上报材料严重不符的；

（二）擅自变更核准内容的。

第三十四条 有下列情形之一的，由国家发展改革委撤销或注销其农药生产批准证书：

（一）经复查不符合发证条件的；

（二）连续 2 次经省级以上监督管理部门抽查，产品质量不合格的；

（三）将农药生产批准证书转让其他企业使用或者用于其他产品的；

（四）在农药生产批准证书有效期内，国家决定停止生产该产品的；

（五）制售假冒伪劣农药的。

第三十五条　承担农药产品质量检测工作的机构违反有关规定弄虚作假的，由省级主管部门或者国家发展改革委提请有关部门取消其承担农药产品质量检测工作的资格。

第三十六条　农药管理工作人员滥用职权、玩忽职守、徇私舞弊、索贿受贿的，依照刑法关于滥用职权罪、玩忽职守罪或者受贿罪的规定，依法追究刑事责任；尚不够刑事处罚的，依法给予行政处分。

第六章　附　则

第三十七条　本办法第七条、第八条、第十二条、第十八条、第十九条规定的其他材料，国家发展改革委应当至少提前半年向社会公告后，方能要求申请人提供相关材料。

第三十八条　农药生产企业核准和农药生产批准证书的审批结果及农药生产管理方面的相关公告、产业政策在国家发展改革委互联网上公示。

第三十九条　本办法由国家发展改革委负责解释。

第四十条　本办法自 2005 年 1 月 1 日起施行。原国家经济贸易委员会颁布的《农药生产管理办法》同时废止。

附件：一、农药企业核准申请表（略）
　　　二、农药企业生产资格延续申请表（略）

三、农药生产批准证书申请表（略）

四、农药生产批准证书生产条件审查表（略）

五、农药生产批准证书更改企业名称申请表（略）

六、农药生产批准证书遗失补办申请表（略）

七、农药生产年报表（略）

八、农药原药来源证明文件格式（略）

附 录

农药生产许可管理办法

中华人民共和国农业部令
2017 年第 4 号

《农药生产许可管理办法》已经农业部 2017 年第 6 次常务会议审议通过,现予公布,自 2017 年 8 月 1 日起施行。

农业部部长
2017 年 6 月 21 日

第一章 总 则

第一条 为了规范农药生产行为,加强农药生产管理,保证农药产品质量,根据《农药管理条例》,制定本办法。

第二条 本办法所称农药生产,包括农药原药(母药)生产、制剂加工或者分装。

第三条 农药生产许可的申请、审查、核发和监督管理,适用本办法。

第四条 农业部负责监督指导全国农药生产许可管理工作,制定生产条件要求和审查细则。

省级人民政府农业主管部门(以下简称省级农业部门)负责受理申请、审查并核发农药生产许可证。

县级以上地方农业部门应当加强本行政区域内的农药生产监督管

理工作。

第五条 农药生产许可实行一企一证管理，一个农药生产企业只核发一个农药生产许可证。

第六条 农药生产应当符合国家产业政策，不得生产国家淘汰的产品，不得采用国家淘汰的工艺、装置、原材料从事农药生产，不得新增国家限制生产的产品或者国家限制的工艺、装置、原材料从事农药生产。

第七条 各级农业部门应当加强农药生产许可信息化建设。农业部加快建设全国统一的农药管理信息平台，逐步实现农药生产许可证的申请、受理、审核、核发和打印在农药管理信息平台统一进行。地方农业部门应当及时上传、更新农药生产许可、监督管理等信息。

第二章 申请与审查

第八条 从事农药生产的企业，应当具备下列条件：

（一）符合国家产业政策；

（二）有符合生产工艺要求的管理、技术、操作、检验等人员；

（三）有固定的生产厂址；

（四）有布局合理的厂房，新设立化学农药生产企业或者非化学农药生产企业新增化学农药生产范围的，应当在省级以上化工园区内建厂；新设立非化学农药生产企业、家用卫生杀虫剂企业或者化学农药生产企业新增原药（母药）生产范围的，应当进入地市级以上化工园区或者工业园区；

（五）有与生产农药相适应的自动化生产设备、设施，有利用产品可追溯电子信息码从事生产、销售的设施；

（六）有专门的质量检验机构，齐全的质量检验仪器和设备，完整的质量保证体系和技术标准；

（七）有完备的管理制度，包括原材料采购、工艺设备、质量控制、产品销售、产品召回、产品储存与运输、安全生产、职业卫生、环境保护、农药废弃物回收与处置、人员培训、文件与记录等管理制度；

（八）农业部规定的其他条件。

安全生产、环境保护等法律、法规对企业生产条件有其他规定的，农药生产企业还应当遵守其规定，并主动接受相关管理部门监管。

第九条 申请农药生产许可证的，应当向生产所在地省级农业部门提交以下材料：

（一）农药生产许可证申请书；

（二）企业营业执照复印件；

（三）法定代表人（负责人）身份证明及基本情况；

（四）主要管理人员、技术人员、检验人员简介及资质证件复印件，以及从事农药生产相关人员基本情况；

（五）生产厂址所在区域的说明及生产布局平面图、土地使用权证或者租赁证明；

（六）所申请生产农药原药（母药）或者制剂剂型的生产装置工艺流程图、生产装置平面布置图、生产工艺流程图和工艺说明，以及相对应的主要厂房、设备、设施和保障正常运转的辅助设施等名称、数量、照片；

（七）所申请生产农药原药（母药）或者制剂剂型的产品质量标准及主要检验仪器设备清单；

（八）产品质量保证体系文件和管理制度；

（九）按照产品质量保证体系文件和管理制度要求，所申请农药的三批次试生产运行原始记录；

（十）申请材料真实性、合法性声明；

（十一）农业部规定的其他材料。

申请材料应当同时提交纸质文件和电子文档。

第十条 省级农业部门对申请人提交的申请材料，应当根据下列情况分别作出处理：

（一）不需要取得农药生产许可的，即时告知申请者不予受理；

（二）申请材料存在错误的，允许申请者当场更正；

（三）申请材料不齐全或者不符合法定形式的，应当当场或者在五个工作日内一次告知申请者需要补正的全部内容，逾期不告知的，自收到申请材料之日起即为受理；

（四）申请材料齐全、符合法定形式，或者申请者按照要求提交全部补正材料的，予以受理。

第十一条 省级农业部门应当对申请材料书面审查和技术评审，必要时应当进行实地核查，自受理申请之日起二十个工作日内作出是否核发生产许可证的决定。符合条件的，核发农药生产许可证；不符合条件的，书面通知申请人并说明理由。

技术评审可以组织农药管理、生产、质量控制等方面的专业人员进行，所需时间不计算许可期限内，不得超过九十日。

第十二条 农药生产许可证式样及相关表格格式由农业部统一制定。

农药生产许可证应当载明许可证编号、生产企业名称、统一社会信用代码、住所、法定代表人（负责人）、生产范围、生产地址、有效期等事项。

农药生产许可证编号规则为：农药生许+省份简称+顺序号（四位数）。

农药生产许可证的生产范围按照下列规定进行标注：

（一）原药（母药）品种；

（二）制剂剂型，同时区分化学农药或者非化学农药。

第三章 变更与延续

第十三条 农药生产许可证有效期为五年。农药生产许可证有效期内，企业名称、住所、法定代表人（负责人）发生变化或者缩小生产范围的，应当自发生变化之日起三十日内向省级农业部门提出变更申请，并提交变更申请表和相关证明等材料。

省级农业部门应当自受理申请之日起二十个工作日内作出审批决定。符合条件的，予以变更；不符合条件的，书面通知申请人并说明理由。

第十四条 农药生产企业扩大生产范围或者改变生产地址的，应当按照本办法的规定重新申请农药生产许可证。化学农药生产企业改变生产地址的，还应当进入市级以上化工园区或者工业园区。

新增生产地址的，按新设立农药生产企业要求办理。

第十五条　农药生产许可证有效期届满，需要继续生产农药的，农药生产企业应当在有效期届满九十日前向省级农业部门申请延续。

第十六条　申请农药生产许可证延续的，应当提交申请书、生产情况报告等材料。省级农业部门对申请材料进行审查，未在规定期限内提交申请或者不符合农药生产企业条件要求的，不予延续。

第十七条　农药生产许可证遗失、损坏的，应当说明原因并提供相关证明材料，及时向所在地省级农业部门申请补发。

第四章　监督检查

第十八条　农药生产企业应当按照产品质量标准和生产许可证的规定组织生产，确保农药产品与登记农药一致，对农药产品质量负责。

农药生产企业在其农药生产许可范围内，依据《农药管理条例》第十九条的规定，可以接受新农药研制者和其他农药生产企业的委托，加工或者分装农药；也可以接受向中国出口农药的企业委托，分装农药。

第十九条　农药生产企业应当在每季度结束之日起十五日内，将上季度生产销售数据上传至农业部规定的农药管理信息平台。委托加工、分装农药的，由委托方报送。

第二十条　县级以上地方农业部门应当加强对农药生产企业的监督检查，定期调查统计农药生产情况，建立农药生产诚信档案并予以公布。

第二十一条　有下列情形之一的，由省级农业部门依法吊销农药生产许可证：

（一）生产假农药的；

（二）生产劣质农药情节严重的；

（三）不再符合农药生产许可条件继续生产农药且逾期拒不整改或者整改后仍不符合要求的；

（四）违反《农药管理条例》第五十三条、五十四条规定情形的；

（五）转让、出租、出借农药生产许可证的；

（六）招用《农药管理条例》第六十三条第一款规定人员从事农药生产活动的；

（七）依法应当吊销农药生产许可证的其他情形。

第二十二条 有下列情形之一的，由省级农业部门依法撤销农药生产许可证：

（一）发证机关工作人员滥用职权、玩忽职守作出准予农药生产许可决定的；

（二）发证机关违反法定程序作出准予农药生产许可决定的；

（三）发证机关对不具备申请资格或者不符合法定条件的申请人准予农药生产许可的；

（四）申请人以欺骗、贿赂等不正当手段取得农药生产许可的；

（五）依法应当撤销农药生产许可的其他情形。

第二十三条 有下列情形之一的，由省级农业部门依法注销农药生产许可证：

（一）企业申请注销的；

（二）企业主体资格依法终止的；

（三）农药生产许可有效期届满未申请延续的；

（四）农药生产许可依法被撤回、撤销、吊销的；

（五）依法应当注销的其他情形。

第二十四条 有下列情形之一的，按未取得农药生产许可证处理：

（一）超过农药生产许可证有效期继续生产农药的；

（二）超过农药生产许可范围生产农药的；

（三）未经批准擅自改变生产地址生产农药的；

（四）委托已取得农药生产许可证的企业超过农药生产许可范围加工或者分装农药的；

（五）应当按照未取得农药生产许可证处理的其他情形。

第二十五条 农业部加强对省级农业部门实施农药生产许可的监督检查，及时纠正农药生产许可审批中的违规行为。发现有关工作人员有违规行为的，应当责令改正；依法应当给予处分的，向其任免机关或者监察机关提出处分建议。

第二十六条　县级以上农业部门及其工作人员有下列行为之一的，责令改正；对负有责任的领导人员和直接责任人员调查处理；依法给予处分；构成犯罪的，依法追究刑事责任：

（一）不履行农药生产监督管理职责，所辖行政区域的违法农药生产活动造成重大损失或者恶劣社会影响；

（二）对不符合条件的申请人准予生产许可或者对符合条件的申请人拒不准予生产许可；

（三）参与农药生产、经营活动；

（四）有其他徇私舞弊、滥用职权、玩忽职守行为。

第二十七条　任何单位和个人发现违法从事农药生产活动的，有权向农业部门举报，农业部门应当及时核实、处理，严格为举报人保密。经查证属实，对生产安全起到积极作用或者挽回损失较大的，按照国家有关规定予以表彰或者奖励。

第二十八条　农药生产企业违法从事农药生产活动的，按照《农药管理条例》的规定处罚；构成犯罪的，依法追究刑事责任。

第五章　附　则

第二十九条　本办法中化学农药是指利用化学物质人工合成的农药。

第三十条　本办法自 2017 年 8 月 1 日起实施。

在本办法实施前已取得农药生产批准证书或者农药生产许可证的农药生产企业，可以在有效期内继续生产相应的农药产品。有效期届满，需要继续生产农药的，农药生产企业应当在有效期届满九十日前，按照本办法的规定，向省级农业部门申请农药生产许可证。

在本办法实施前已取得农药登记证但未取得农药生产批准证书或者农药生产许可证，需要继续生产农药的，应当在本办法实施之日起两年内取得农药生产许可证。

农药经营许可管理办法

中华人民共和国农业部令

2017 年第 5 号

《农药经营许可管理办法》已经农业部 2017 年第 6 次常务会议审议通过，现予公布，自 2017 年 8 月 1 日起施行。

农业部部长
2017 年 6 月 21 日

第一章 总 则

第一条 为了规范农药经营行为，加强农药经营许可管理，根据《农药管理条例》，制定本办法。

第二条 农药经营许可的申请、审查、核发和监督管理，适用本办法。

第三条 在中华人民共和国境内销售农药的，应当取得农药经营许可证。

第四条 农业部负责监督指导全国农药经营许可管理工作。

限制使用农药经营许可由省级人民政府农业主管部门（以下简称省级农业部门）核发；其他农药经营许可由县级以上地方人民政府农业主管部门（以下简称县级以上地方农业部门）根据农药经营者的申请分别核发。

第五条 农药经营许可实行一企一证管理，一个农药经营者只核发一个农药经营许可证。

第六条 县级以上地方农业部门应当加强农药经营许可信息化管理，及时将农药经营许可、监督管理等信息上传至农业部规定的农药管理信息平台。

第二章 申请与受理

第七条 农药经营者应当具备下列条件：

（一）有农学、植保、农药等相关专业中专以上学历或者专业教育培训机构五十六学时以上的学习经历，熟悉农药管理规定，掌握农药和病虫害防治专业知识，能够指导安全合理使用农药的经营人员；

（二）有不少于三十平方米的营业场所、不少于五十平方米的仓储场所，并与其他商品、生活区域、饮用水源有效隔离；兼营其他农业投入品的，应当具有相对独立的农药经营区域；

（三）营业场所和仓储场所应当配备通风、消防、预防中毒等设施，有与所经营农药品种、类别相适应的货架、柜台等展示、陈列的设施设备；

（四）有可追溯电子信息码扫描识别设备和用于记载农药购进、储存、销售等电子台账的计算机管理系统；

（五）有进货查验、台账记录、安全管理、安全防护、应急处置、仓储管理、农药废弃物回收与处置、使用指导等管理制度和岗位操作规程；

（六）农业部规定的其他条件。

经营限制使用农药的，还应当具备下列条件：

（一）有熟悉限制使用农药相关专业知识和病虫害防治的专业技术人员，并有两年以上从事农学、植保、农药相关工作的经历；

（二）有明显标识的销售专柜、仓储场所及其配套的安全保障设施、设备；

（三）符合省级农业部门制定的限制使用农药的定点经营布局。

农药经营者的分支机构也应当符合本条第一款、第二款的相关规定。限制使用农药经营者的分支机构经营限制使用农药的，应当符合限制使用农药定点经营规定。

第八条 申请农药经营许可证的，应当向县级以上地方农业部门提交以下材料：

（一）农药经营许可证申请表；

（二）法定代表人（负责人）身份证明复印件；

（三）经营人员的学历或者培训证明；

（四）营业场所和仓储场所地址、面积、平面图等说明材料及照片；

（五）计算机管理系统、可追溯电子信息码扫描设备、安全防护、仓储设施等清单及照片；

（六）有关管理制度目录及文本；

（七）申请材料真实性、合法性声明；

（八）农业部规定的其他材料。

申请材料应当同时提交纸质文件和电子文档。

第九条　县级以上地方农业部门对申请人提交的申请材料，应当根据下列情况分别作出处理：

（一）不需要农药经营许可的，即时告知申请者不予受理；

（二）申请材料存在错误的，允许申请者当场更正；

（三）申请材料不齐全或者不符合法定形式的，应当当场或者在五个工作日内一次告知申请者需要补正的全部内容，逾期不告知的，自收到申请材料之日起即为受理；

（四）申请材料齐全、符合法定形式，或者申请者按照要求提交全部补正材料的，予以受理。

第三章　审查与决定

第十条　县级以上地方农业部门应当对农药经营许可申请材料进行审查，必要时进行实地核查或者委托下级农业主管部门进行实地核查。

第十一条　县级以上地方农业部门应当自受理之日起二十个工作日内作出审批决定。符合条件的，核发农药经营许可证；不符合条件的，书面通知申请人并说明理由。

第十二条　农药经营许可证应当载明许可证编号、经营者名称、住所、营业场所、仓储场所、经营范围、有效期、法定代表人（负责人)、统一社会信用代码等事项。

经营者设立分支机构的,还应当注明分支机构的营业场所和仓储场所地址等事项。

农药经营许可证编号规则为:农药经许+省份简称+发证机关代码+经营范围代码+顺序号(四位数)。

经营范围按照农药、农药(限制使用农药除外)分别标注。

农药经营许可证式样由农业部统一制定。

第四章 变更与延续

第十三条 农药经营许可证有效期为五年。农药经营许可证有效期内,改变农药经营者名称、法定代表人(负责人)、住所、调整分支机构,或者减少经营范围的,应当自发生变化之日起三十日内向原发证机关提出变更申请,并提交变更申请表和相关证明等材料。

原发证机关应当自受理变更申请之日起二十个工作日内办理。符合条件的,重新核发农药经营许可证;不符合条件的,书面通知申请人并说明理由。

第十四条 经营范围增加限制使用农药或者营业场所、仓储场所地址发生变更的,应当按照本办法的规定重新申请农药经营许可证。

第十五条 农药经营许可证有效期届满,需要继续经营农药的,农药经营者应当在有效期届满九十日前向原发证机关申请延续。

第十六条 申请农药经营许可证延续的,应当向原发证机关提交申请表、农药经营情况综合报告等材料。

第十七条 原发证机关对申请材料进行审查,未在规定期限内提交申请或者不符合农药经营条件要求的,不予延续。

第十八条 农药经营许可证遗失、损坏的,应当说明原因并提供相关证明材料,及时向原发证机关申请补发。

第五章　监督检查

第十九条　有下列情形之一的，不需要取得农药经营许可证：

（一）专门经营卫生用农药的；

（二）农药经营者在发证机关管辖的行政区域内设立分支机构的；

（三）农药生产企业在其生产场所范围内销售本企业生产的农药，或者向农药经营者直接销售本企业生产农药的。

第二十条　农药经营者应当将农药经营许可证置于营业场所的醒目位置，并按照《农药管理条例》规定，建立采购、销售台账，向购买人询问病虫害发生情况，必要时应当实地查看病虫害发生情况，科学推荐农药，正确说明农药的使用范围、使用方法和剂量、使用技术要求和注意事项，不得误导购买人。

限制使用农药的经营者应当为农药使用者提供用药指导，并逐步提供统一用药服务。

第二十一条　限制使用农药不得利用互联网经营。利用互联网经营其他农药的，应当取得农药经营许可证。

超出经营范围经营限制使用农药，或者利用互联网经营限制使用农药的，按照未取得农药经营许可证处理。

第二十二条　农药经营者应当在每季度结束之日起十五日内，将上季度农药经营数据上传至农业部规定的农药管理信息平台或者通过其他形式报发证机关备案。

农药经营者设立分支机构的，应当在农药经营许可证变更后三十日内，向分支机构所在地县级农业部门备案。

第二十三条　县级以上地方农业部门应当对农药经营情况进行监督检查，定期调查统计农药销售情况，建立农药经营诚信档案并予以公布。

第二十四条　县级以上地方农业部门发现农药经营者不再符合规定条件的，应当责令其限期整改；逾期拒不整改或者整改后仍不符合规定条件的，发证机关吊销其农药经营许可证。

第二十五条　有下列情形之一的，发证机关依法注销农药经营许可证：

（一）农药经营者申请注销的；

（二）主体资格依法终止的；

（三）农药经营许可有效期届满未申请延续的；

（四）农药经营许可依法被撤回、撤销、吊销的；

（五）依法应当注销的其他情形。

第二十六条　县级以上地方农业部门及其工作人员应当依法履行农药经营许可管理职责，自觉接受农药经营者和社会监督。

第二十七条　上级农业部门应当加强对下级农业部门农药经营许可管理工作的监督，发现有关工作人员有违规行为的，应当责令改正；依法应当给予处分的，向其任免机关或者监察机关提出处分建议。

第二十八条　县级以上农业部门及其工作人员有下列行为之一的，责令改正；对负有责任的领导人员和直接责任人员调查处理；依法给予处分；构成犯罪的，依法追究刑事责任：

（一）不履行农药经营监督管理职责，所辖行政区域的违法农药经营活动造成重大损失或者恶劣社会影响；

（二）对不符合条件的申请人准予经营许可或者对符合条件的申请人拒不准予经营许可；

（三）参与农药生产、经营活动；

（四）有其他徇私舞弊、滥用职权、玩忽职守行为。

第二十九条　任何单位和个人发现违法从事农药经营活动的，有权向农业部门举报，农业部门应当及时核实、处理，严格为举报人保密。经查证属实，并对生产安全起到积极作用或者挽回损失较大的，按照国家有关规定予以表彰或者奖励。

第三十条　农药经营者违法从事农药经营活动的，按照《农药管理条例》的规定处罚；构成犯罪的，依法追究刑事责任。

第六章　附　则

第三十一条　本办法自 2017 年 8 月 1 日起施行。

2017年6月1日前已从事农药经营活动的，应当自本办法施行之日起一年内达到本办法规定的条件，并依法申领农药经营许可证。

在本办法施行前已按有关规定取得农药经营许可证的，可以在有效期内继续从事农药经营活动，但经营限制使用农药的应当重新申请农药经营许可证；有效期届满，需要继续经营农药的，应当在有效期届满九十日前，按本办法的规定，重新申请农药经营许可证。

农药登记资料规定

中华人民共和国农业部令

2007 年第 10 号

《农药登记资料规定》业经 2007 年 12 月 6 日农业部第 15 次常务会议审议通过,现予发布,自 2008 年 1 月 8 日起施行。2001 年 4 月 12 日农业部《关于发布〈农药登记资料要求〉的通知》(农农发〔2001〕8 号)自 2009 年 1 月 1 日废止。

农业部部长
二〇〇七年十二月八日

第一章 总 则

1.1 为规范农药登记工作,保证农药产品质量,促进农业发展,保护生态环境,根据《农药管理条例》(以下简称"《条例》")和《农药管理条例实施办法》的有关规定,制定本农药登记资料规定(以下简称"规定")。

1.2 本规定适用于在我国境内生产(包括原药生产、制剂加工和分装)和从境外进口农药产品的登记。

1.3 申请人应当符合《条例》的要求。境外申请人应当在我国境内设有依法登记的办事处或代理机构。

1.4 新农药、新制剂产品登记分为田间试验、临时登记和正式登记三个阶段。

1.5 申请农药登记应当按照本规定提供登记资料和农药样品。

1.5.1 申请新农药临时登记或正式登记,应当提供有效成分纯品或标准品 2 克,有效成分重要代谢物、相关杂质标准品 0.5 克,原药

100克（毫升），制剂250克（毫升）。

1.5.2 进行药效、残留、毒性、环境影响等农药登记试验的样品应当是成熟定型的试验产品，并经省级以上法定质量检测机构检测合格。境内产品由申请人所在辖区的省级农业行政主管部门所属的农药检定机构（以下简称省级农药检定机构）封样，境外产品由农业部农药检定所封样。

1.5.3 申报的资料应当完整、规范，数据应当真实、有效。申请表、产品摘要资料和产品安全数据单（MSDS）应当提供电子文本。

1.5.3.1 农药药效、残留、毒理学、环境影响和原药全组分分析等登记试验资料应当由农业部公告具有相应资质的农药登记试验单位出具；农药产品质量检测报告应当由省级以上法定质量检测机构出具。

1.5.3.2 境外试验资料应当由农业部确认的机构出具，并附中文摘要资料。

1.5.3.3 农药登记的室外试验应当根据产品登记使用范围的分布情况，选择有代表性的地区进行。

1.5.3.4 引用文献资料应当注明著作名称、刊物名称及卷、期、页等。

1.5.3.5 产品对人畜、作物、环境等可能产生危害的，申请人应当提供危害控制措施的资料。

1.6 申请人应当对所提供登记资料的真实性和不侵犯他人知识产权作出书面声明，并承诺对可能构成的侵权后果负责。

1.7 国家对首次登记的、含有新化合物农药的申请人提供的其自己所取得的且未被披露的试验数据和其他数据实施保护。

自登记之日起6年内，对其他申请人未经已获得登记的申请人同意，使用前款数据申请农药登记的，农业部不予登记；但是，其他申请人提供其自己所取得的数据的除外。

鼓励独立拥有齐全资料的所有者授权其他申请人使用已登记资料。

1.8 直接申请正式登记的产品，申请人应当同时提交临时登记阶段和正式登记阶段所规定的相关资料。

1.9 产品扩大使用范围、改变使用方法或变更使用剂量，不改变产品的登记有效期。

1.10 在临时登记阶段已提供试验和检验资料，申请新农药正式登记时，可以提供复印件；申请其他种类正式登记时，在作出书面说明的情况下，可以不再提供。

1.11 在不改变有效成分种类、含量、剂型、使用范围和方法的前提下，对产品进行优化的，登记证持有人应当向农业部农药检定所提出书面申请，提供不影响产品质量、药效、毒理学、残留和环境安全等资料，并经农业部农药检定所审核。

1.12 农药产品助剂分类及在农药制剂中应用的登记资料要求另行规定。

1.13 申请资料经农药登记评审委员会或农药临时登记评审委员会评审，不完全符合产品评价要求的，申请人应当根据评审意见补充相关资料。

1.14 本规定中未涉及的特殊情况，需要减免资料的，申请人可以向农业部农药检定所提出书面申请并附有关资料，经农药登记评审委员会或农药临时登记评审委员会评审，由农业部做出决定。

第二章 术语和范围

2.1 新农药 是指含有的有效成分尚未在我国批准登记的国内外农药原药和制剂。

2.2 新制剂 是指含有的有效成分与已经登记过的相同，而剂型、含量（配比）尚未在我国登记过的制剂。

2.2.1 新剂型 指含有的有效成分与已经登记过的相同，而剂型尚未在我国登记过的制剂。

2.2.2 剂型微小优化 是指已登记的产品剂型作微小优化，更有利于环境保护等而有效成分种类和含量（配比）不变。包括以下几种情况：

——由可湿性粉剂（WP）变为可分散粒剂（WG）；

——由乳油（EC）变为水乳剂（EW）或油乳剂（OW）或微乳剂（ME）（但不包括含有大量有机溶剂的）；

——由可溶粉剂（SP）变为可溶粒剂（SG）；
——由颗粒剂（GR）变为细粒剂（FG）或微粒剂（MG）；
——其他。

2.2.3 新混配制剂 是指含有的有效成分和剂型与已经登记过的相同，而首次混配2种以上农药有效成分的制剂或虽已有相同有效成分混配产品登记但配比不同的制剂。

2.2.4 新含量制剂 是指含有的有效成分和剂型与已经登记过的相同，而含量（混配制剂配比不变）尚未在我国登记过的制剂。

2.2.5 新药肥混配制剂 是指含有的有效成分和剂型与已经登记过的相同，而首次混配农药有效成分和肥料成分的制剂或虽已有混配产品登记但配比不同的制剂。

2.2.6 新渗透剂（或增效剂）与农药混配制剂 是指含有的有效成分和剂型与已经登记过的相同，而首次混配农药有效成分和渗透剂（或增效剂）成分的制剂或虽已有混配产品登记但渗透剂（或增效剂）种类、配比不同的制剂。

2.3 特殊农药 主要是指卫生用农药、杀鼠剂、生物化学农药、微生物农药、植物源农药、转基因生物、天敌生物等。

特殊新农药是指含有的有效成分尚未在我国批准登记的国内外特殊农药原药和制剂。

2.3.1 卫生用农药 是指用于预防、消灭或者控制人生活环境和农林业中养殖业动物生活环境的蚊、蝇、蜚蠊、蚂蚁和其他有害生物的农药。

2.3.2 杀鼠剂 是指用于预防、消灭、控制鼠类等有害啮齿类动物的农药。

2.3.3 生物化学农药 生物化学农药必须符合下列两个条件：
——对防治对象没有直接毒性，而只有调节生长、干扰交配或引诱等特殊作用；
——必须是天然化合物，如果是人工合成的，其结构必须与天然化合物相同（允许异构体比例的差异）。

生物化学农药包括以下四类：

2.3.3.1 信息素 是由动植物分泌的，能改变同种或不同种受体生物行为的化学物质，包括外激素、利己素、利它素。

2.3.3.2 激素 是由生物体某一部位合成并可传导至其他部位起控制、调节作用的生物化学物质。

2.3.3.3 天然植物生长调节剂和天然昆虫生长调节剂

天然植物生长调节剂是由植物或微生物产生的，对同种或不同种植物的生长发育（包括萌发、生长、开花、受精、座果、成熟及脱落等过程）具有抑制、刺激等作用或调节植物抗逆境（寒、热、旱、湿和风等）的化学物质等。

天然昆虫生长调节剂是由昆虫产生的对昆虫生长过程具有抑制、刺激等作用的化学物质。

2.3.3.4 酶 是在基因反应中作为载体，在机体生物化学反应中起催化作用的蛋白质分子。

2.3.4 微生物农药 是以细菌、真菌、病毒和原生动物或基因修饰的微生物等活体为有效成分，具有防治病、虫、草、鼠等有害生物作用的农药。

2.3.5 植物源农药 是指有效成分来源于植物体的农药。

2.3.6 转基因生物 是指具有防治《条例》第二条所述有害生物的，利用外源基因工程技术改变基因组构成的农业生物。不包括自然发生、人工选择和杂交育种，或由化学物理方法诱变，通过细胞工程技术得到的植物和自然发生、人工选择、人工受精、超数排卵、胚胎嵌合，胚胎分割、核移植、倍性操作得到的动物以及通过化学、物理诱变、转导、转化、接合等非重组DNA方式进行遗传性状修饰的微生物。

2.3.7 天敌生物 是指商业化的具有防治《条例》第二条所述有害生物的生物活体（微生物农药除外）。

2.4 相同农药产品 是指有效成分种类、含量、剂型等与已经登记产品相同的产品。

2.4.1 质量无明显差异的相同原药 是指申请登记的原药与已取得登记的原药质量无明显差异，即其有效成分含量不低于已登记的原药,且杂质(含量在0.1%以上以及0.1%以下但对哺乳动物、环境有明显危害)的组成和含量与已登记的原药基本一致或少于已登记的原药。

2.4.2 质量无明显差异的相同制剂 是指申请登记的制剂与已取得登记的产品质量无明显差异,即产品中有效成分种类、剂型、含量相同,其他主要控制项目和指标不低于已登记产品,产品助剂组成成分和含量与已登记的产品一致或相当。

2.5 新登记使用范围和方法 是指有效成分和制剂与已登记过的相同,而使用范围和方法尚未在我国登记过的。

2.5.1 新登记使用范围 是指有效成分和制剂与已登记过的相同,而使用范围尚未在我国登记过的。

2.5.2 新登记使用方法 是指有效成分、制剂和使用范围与已登记过的相同,而使用方法尚未在我国登记过的。

2.6 扩大使用范围、改变使用方法和变更使用剂量

2.6.1 扩大使用范围 是指已登记产品申请增加使用范围。

2.6.2 改变使用方法 是指已登记产品申请增加或改变使用方法。

2.6.3 变更使用剂量 是指已登记产品申请改变使用剂量。

2.7 农药助剂 是指除有效成分以外的任何被有意地添加到农药产品中,本身不具备农药活性,但能够提高或改善、或者有助于提高或改善该产品的物理、化学性质的单一组分或者多个组分的混合物。

2.8 相关杂质 是指与农药有效成分相比,农药产品在生产或储存过程中所含有的对人类和环境具有明显的毒害,或对适用作物产生药害,或引起农产品污染,或影响农药产品质量稳定性,或引起其他不良影响的杂质。

第三章 新农药登记资料规定

3.1 一般要求

3.1.1 对新农药,申请人应当同时申请其原药和制剂登记。新农药登记后,申请人可以分别申请原药和制剂登记。

3.1.2 已在我国境内登记且在登记资料保护期内的农药，按新农药登记规定提供资料。

3.1.3 特殊新农药登记，适用第四章的规定。

3.2 新农药原药登记

3.2.1 原药临时登记

3.2.1.1 临时登记申请表

3.2.1.2 产品摘要资料

包括产地（所申请产品的生产地址，下同）、产品化学、毒理学、环境影响、境外登记情况等资料的简述。

3.2.1.3 产品化学资料

3.2.1.3.1 有效成分的识别

有效成分的通用名称、国际通用名称〔执行国际标准化组织（ISO）批准的名称，下同〕、化学名称、化学文摘（CAS）登录号、国际农药分析协作委员会（CIPAC）数字代号、开发号、结构式、实验式、相对分子质量（注明计算所用国际相对原子质量表的发布时间，下同）。

有效成分有多种存在形式的，应当明确该有效成分在产品中最终存在形式，并注明确切的名称、结构式、实验式和相对分子质量。

有效成分存在异构体且活性有明显差异的，应当注明比例。

3.2.1.3.2 有效成分的物化性质

应当提供标准样品（纯度一般应高于98%）下列参数及测定方法：外观（颜色、物态、气味等）、酸/碱度或pH值范围、熔点、沸点、溶解度、密度或堆密度、分配系数（正辛醇/水，下同）、蒸气压、稳定性（对光、热、酸、碱）、水解、爆炸性、闪点、燃点、氧化性、腐蚀性、比旋光度（对有旋光性的，下同）等。

3.2.1.3.3 原药的物化性质

应当提供原药下列参数及测定方法：外观（颜色、物态、气味等）、熔点、沸点、爆炸性、闪点、燃点、氧化性、腐蚀性、比旋光度等。

3.2.1.3.4 控制项目及其指标

A 有效成分含量

明确有效成分的最低含量（以质量分数表示）。不设分级，至少取 5 批次有代表性的样品，测定其有效成分含量，取 3 倍标准偏差作为含量的下限。

B 相关杂质含量

明确相关杂质的最高含量（以质量分数表示）。

C 其他添加成分名称、含量

根据实际情况对所添加的稳定剂、安全剂等，明确具体的名称、含量。

D 酸度、碱度或 pH 范围

酸度或碱度以硫酸或氢氧化钠质量分数表示，不考虑其实际存在形式。pH 值范围应当规定上下限。

E 固体不溶物

规定最大允许值，以质量分数表示。

F 水分或加热减量

规定最大允许值，以质量分数表示。

3.2.1.3.5 与产品质量控制项目及其指标相对应的检测方法和方法确认

检测方法通常包括方法提要、原理（如化学反应方程式等）、仪器、试剂、操作条件、溶液配制、测定步骤、结果计算、允许差和相关谱图等。

检测方法的确认包括方法的线性关系、精密度、准确度、谱图原件等，对低含量的控制项目及其指标还应当给出最低检出浓度。

采用现行国家标准、行业标准或 CIPAC 方法的，需提供相关的色谱图原件（包括但不限于标准品、样品和内标等色谱图），可以不提供线性关系、精密度、准确度数据和最低检出浓度试验资料。

3.2.1.3.6 控制项目及其指标确定的说明

对控制项目及其指标的制定依据和合理性做出必要的解释。

3.2.1.3.7 原药 5 批次全组分分析报告

全组分包括有效成分、0.1% 以上含量的任何杂质和 0.1% 以下的相关杂质。

A 定性分析

对有效成分和相关杂质提供：红外光谱（IR）、紫外光谱（UV）、质谱（MS）和核磁共振谱（NMR）的试验方法、解析过程和结构式。

对非相关杂质提供：红外光谱、质谱和核磁共振中至少一种定性试验方法、解析过程、结构式和杂质名称。

B 定量分析

提供各组分的质量分数、测定方法及方法确认过程。

3.2.1.3.8 产品质量检测和方法验证报告

提供国家级法定质量检测机构出具的产品质量检测和方法验证报告。

质量检测报告项目应当包括 3.2.1.3.4 中规定的所有项目。方法验证报告应当附相关的典型色谱图原件，并对方法的可行性进行评价，加盖检测单位公章。

3.2.1.3.9 生产工艺

A 原材料的化学名称、代码、纯度；

B 反应方程式（包括主产物、副产物）；

C 生产流程图。

3.2.1.3.10 包装（包括材料、形状、尺寸、重量等，下同）、运输和贮存注意事项、安全警示、验收期等

3.2.1.4 毒理学资料

3.2.1.4.1 急性毒性试验

A 急性经口毒性试验；

B 急性经皮毒性试验；

C 急性吸入毒性试验

符合下列条件之一的产品，应当提供此项毒理资料（下同）：

——为气体或者液化气体；

——可能用于加工熏蒸剂的；

——可能用于加工产烟、产雾或者气体释放制剂的；

——可能在施药时需要雾化设备的；

——蒸汽压>10-2Pa，并且可能用于加工在仓库或者温室等密闭空间使用的制剂的；

——可能会被包含在粉状制剂中，且其含有直径<50μm 的微粒占相当大的比例（按重量计>1%）；

——用于加工的制剂在使用中产生的直径<50μm 的粒子或者小滴占相当大的比例（按重量计>1%）；

D 眼睛刺激性试验；

E 皮肤刺激性试验；

F 皮肤致敏性试验。

3.2.1.4.2 亚慢（急）性毒性试验

要求 90 天大鼠喂养试验。根据产品特点还应当进行 28 天经皮或 28 天吸入毒性试验。

3.2.1.4.3 致突变性试验

A 鼠伤寒沙门氏菌/回复突变试验；

B 体外哺乳动物细胞基因突变试验；

C 体外哺乳动物细胞染色体畸变试验；

D 体内哺乳动物骨髓细胞微核试验。

以上 A-C 项试验任何一项出现阳性结果，第 D 项为阴性，则应当增加另一项体内试验（首选体内哺乳动物细胞 UDS 试验）。当 A-C 项试验均为阴性结果，而第 D 项为阳性时，则应当增加体内哺乳动物生殖细胞染色体畸变试验或显性致死试验。

3.2.1.4.4 必要时，应当提供 6 个月至 2 年的慢性和致癌性试验。

3.2.1.4.5 迟发性神经毒性试验（对有机磷类农药、或化学结构与迟发性神经毒性阳性物质结构相似的农药，下同）。

3.2.1.5 环境影响资料

提供以下试验报告。根据农药特性或用途的不同，可以适当减免部分试验。

3.2.1.5.1 环境行为试验

A 挥发性试验（应当阐明 3 种不同途径的挥发特性；对蒸汽压

低于 $1×10^{-5}Pa$ 的农药不要求；下同）；

　　B　土壤吸附试验（应当阐明供试农药在 3 种土壤中的吸附/解吸特性，下同）；

　　C　淋溶试验（应当阐明供试农药在 3 种土壤中的淋溶性，下同）；

　　D　土壤降解试验（应当阐明在好氧及厌氧条件下母体的降解途径、母体及主要代谢物的降解性，下同）；

　　E　水解试验（应当阐明供试农药在 3 种 pH 值缓冲溶液中的水解性，以及在水中母体的降解途径、母体及主要代谢物的降解性；下同）；

　　F　水中光解试验（应当阐明供试农药在纯水中的光解性，以及在水中光解时母体的降解途径、母体及主要代谢物的降解性；下同）；

　　G　土壤表面光解试验；

　　H　水-沉积物降解试验（应当阐明在水-沉积物系统中母体的降解途径、母体及主要代谢物的降解性，下同）。

3.2.1.5.2　环境毒性试验

　　A　鸟类急性经口毒性试验（试验剂量上限为 1000mg/kg，下同）；

　　B　鸟类短期饲喂毒性试验；

　　C　鱼类急性毒性试验（试验应当使用 1 种温水鱼种，如试验结果为高毒，则须再使用一种冷水鱼种进行试验，并提供风险评价分析资料；除难溶解的化合物外，试验剂量上限为 100mg/L；下同）；

　　D　水蚤急性毒性试验（除难溶解的化合物外，试验剂量上限为 100mg/L，下同）；

　　E　藻类急性毒性试验（除难溶解的化合物外，试验剂量上限为 100mg/L，下同）；

　　F　蜜蜂急性经口毒性试验；

　　G　蜜蜂急性接触毒性试验；

　　H　家蚕急性毒性试验；

　　I　非靶标植物影响试验（仅对除草剂和植物生长调节剂，下同）。

3.2.1.6 标签或者所附具的说明书

应当按照《条例》、农业部有关农药产品标签管理的规定和试验结果设计样张，内容经批准后才能使用。

3.2.1.7 产品安全数据单（MSDS）

其具体格式要求参见有关文件。

3.2.1.8 其他资料

3.2.1.8.1 在其他国家或地区已有的毒理学、环境影响试验和登记情况资料或综合查询报告等

3.2.1.8.2 其他

3.2.2 原药正式登记

3.2.2.1 正式登记申请表

3.2.2.2 产品摘要资料

包括产地、产品化学、毒理学、环境影响、境外登记情况等资料的简述。

3.2.2.3 产品化学资料

同临时登记规定，见 3.2.1.3。

3.2.2.4 毒理学资料

3.2.2.4.1 急性毒性试验

A 急性经口毒性试验；

B 急性经皮毒性试验；

C 急性吸入毒性试验；

D 眼睛刺激性试验；

E 皮肤刺激性试验；

F 皮肤致敏性试验。

3.2.2.4.2 亚慢（急）性毒性试验

要求进行90天大鼠喂养试验。根据产品特点还应当进行28天经皮或28天吸入毒性试验。

3.2.2.4.3 致突变性试验

A 鼠伤寒沙门氏菌/回复突变试验；

B 体外哺乳动物细胞基因突变试验；

C 体外哺乳动物细胞染色体畸变试验；

D 体内哺乳动物骨髓细胞微核试验。

以上 A-C 项试验任何一项出现阳性结果，第 D 项为阴性，则应当增加另一项体内试验（首选体内哺乳动物细胞 UDS 试验）。当 A-C 项试验均为阴性结果，而第 D 项为阳性时，则应当增加体内哺乳动物生殖细胞染色体畸变试验或显性致死试验。

3.2.2.4.4 生殖毒性试验

3.2.2.4.5 致畸性试验

3.2.2.4.6 慢性毒性和致癌性试验

3.2.2.4.7 迟发性神经毒性试验

3.2.2.4.8 在动物体内的代谢

可视需要，提供该化合物在动物体内的吸收、分布、排泄、累积、转化和代谢物及其毒性资料。

3.2.2.4.9 人群接触情况调查资料

3.2.2.4.10 相关杂质毒性资料

3.2.2.4.11 每日允许摄入量（ADI）或临时每日允许摄入量（TADI）资料

3.2.2.4.12 中毒症状、急救及治疗措施资料

3.2.2.5 环境影响资料

提供以下试验报告。根据农药特性或用途的不同，可以适当减免部分试验。

3.2.2.5.1 环境行为试验

A 挥发性试验；

B 土壤吸附试验；

C 淋溶试验；

D 土壤降解试验；

E 水解试验；

F 水中光解试验；

G 土壤表面光解试验；

H 水-沉积物降解试验；

I 生物富集试验（仅当农药 log pow≥3 时需要提供，下同）。

3.2.2.5.2 环境毒性试验

A 鸟类急性经口毒性试验；

B 鸟类短期饲喂毒性试验；

C 鱼类急性毒性试验；

D 水蚤急性毒性试验；

E 藻类急性毒性试验；

F 蜜蜂急性经口毒性试验；

G 蜜蜂急性接触毒性试验；

H 天敌赤眼蜂急性毒性试验；

I 天敌两栖类急性毒性试验；

J 家蚕急性毒性试验；

K 蚯蚓急性毒性试验；

L 甲壳类生物毒性试验（对昆虫生长调节剂，下同）；

M 土壤微生物影响试验（试验应当使用 2 种有代表性的新鲜土壤，下同）；

N 非靶标植物影响试验。

3.2.2.5.3 其他环境影响资料

对环境某方面有特殊风险的农药，还应当提供相应的补充资料。主要包括：对地下水的影响、对土壤的影响、对陆生生物、水生生物的繁殖毒性或慢性毒性等。

3.2.2.6 标签或者所附具的说明书

3.2.2.6.1 按照《条例》、农业部有关农药产品标签管理的规定和试验结果设计的正式登记标签样张

3.2.2.6.2 批准农药临时登记时加盖农药登记审批专用章的标签样张、说明书（复印件，下同）

3.2.2.6.3 临时登记期间在市场上流通使用的标签

3.2.2.7 产品安全数据单（MSDS）

3.2.2.8 其他资料

3.2.2.8.1 在其他国家或地区已有的毒理学、药效、残留、环境

影响试验和登记情况资料或综合查询报告等

3.2.2.8.2 其他

3.3 新农药制剂登记

3.3.1 田间试验

3.3.1.1 田间试验申请表

3.3.1.2 产品化学摘要资料

3.3.1.2.1 有效成分

有效成分的通用名称、国际通用名称、化学名称、化学文摘（CAS）登录号、国际农药分析协作委员会（CIPAC）数字代号、开发号、实验式、相对分子质量、结构式、主要物化参数（如：外观、溶点、沸点、密度或堆密度、比旋光度、蒸气压、溶解度、分配系数等）。

3.3.1.2.2 原药

有效成分含量、主要杂质名称和含量，主要物化参数（如：外观、熔点、沸点、密度或堆密度、比旋光度等），有效成分分析方法等。

3.3.1.2.3 制剂

剂型、有效成分含量、其他组成成分的具体名称及含量、主要物化参数、质量控制项目及其指标、类别（按用途）、有效成分分析方法等。

3.3.1.3 毒理学资料摘要

3.3.1.3.1 原药

急性经口毒性、急性经皮毒性、急性吸入毒性、皮肤和眼睛刺激性及皮肤致敏性试验。

3.3.1.3.2 制剂

急性经口毒性、急性经皮毒性、急性吸入毒性试验及中毒症状急救措施等。

3.3.1.4 药效资料

3.3.1.4.1 作用方式、作用谱、作用机理或作用机理预测分析

3.3.1.4.2 室内活性测定试验报告

3.3.1.4.3 对当茬试验作物的室内安全性试验报告

3.3.1.4.4 混配目的说明和室内配方筛选报告（对混配制剂）

3.3.1.4.5 试验作物、防治对象、施药方法及注意事项等

3.3.1.5 其他资料

在其他国家或地区已有的田间药效、毒理学、残留、环境影响和登记情况等资料或综合查询报告。

3.3.2 临时登记

3.3.2.1 临时登记申请表

3.3.2.2 产品摘要资料

包括产地、产品化学、毒理学、药效、残留、环境影响、境外登记情况等资料的简述。

3.3.2.3 产品化学资料

3.3.2.3.1 有效成分的识别

有效成分的通用名、国际通用名、化学名称、化学文摘（CAS）登录号、国际农药分析协作委员会（CIPAC）数字代号、结构式、实验式、相对分子质量。

有效成分有多种存在形式（例如，盐或酯），应当明确该有效成分在产品中的最终存在形式，并注明确切的名称、结构式、实验式和相对分子质量。

异构体活性存在明显差别的，应当明确注明有效体比例。

3.3.2.3.2 原药（或母药）基本信息

有效成分（实际存在的形式）含量、相关杂质含量等。

3.3.2.3.3 产品组成

制剂产品中所有组分的具体名称、含量及其在产品中的作用。对于限制性组分，如渗透剂、增效剂、安全剂等，还应当提供其化学名称、结构式、基本物化性质、来源、安全性、境内外使用情况等资料。

3.3.2.3.4 加工方法描述

主要设备和加工过程。

3.3.2.3.5 鉴别试验

产品中有效成分等的鉴别试验方法。

3.3.2.3.6 理化性质

提供下列参数的测定方法和测定结果：外观（颜色、物态、气味等）、密度或堆密度、粘度、可燃性、腐蚀性、爆炸性、闪点以及与其他农药的相混性等。

3.3.2.3.7 产品质量控制项目

A 有效成分含量（包括异构体比例）

a 已有国家标准、行业标准的产品，按相应标准规定有效成分含量。

b 尚未有国家标准、行业标准的产品，按有关规定有效成分含量。标明含量是生产者在标签上标明的有效成分含量；允许波动范围是客户或第三方检测机构在产品有效期内按照登记的检测方法进行检测时，应当符合的含量范围。

固体制剂的有效成分含量以质量分数（%）表示。液体制剂产品应当在产品化学资料中同时明确产品有效成分含量以 g/L 和质量分数（%）表示的技术要求，申请人取其中的一种表示方式在标签上标注。

特殊产品可以参照有关规定制定有效成分含量范围要求。

B 相关杂质含量

规定相关杂质的最高含量，以质量分数表示。

C 其他限制性组分（渗透剂、增效剂、安全剂等）含量根据实际情况进行规定。

D 其他与剂型相关的控制项目见有关文件。文件中未列出的剂型，可参照联合国粮农组织（FAO）、世界卫生组织（WHO）制定的规格要求。创新剂型的控制项目可根据有效成分的特点、施用方法、安全性等多方面综合考虑来制定。

E 贮存稳定性

包括低温稳定性（适用于液体制剂）、热贮稳定性（适用于固体、液体制剂）、冻融稳定性（适用于微胶囊制剂）。

3.3.2.3.8 与质量控制项目及其指标相对应的检测方法和方法确认

要求参见 3.2.1.3.5。

3.3.2.3.9 质量控制项目及其指标确定的说明

对质量控制项目及其指标的制定依据和合理性做出必要的解释。

3.3.2.3.10 产品质量检测与测定方法验证报告

提供国家级法定质量检测机构出具的产品质量检测和方法验证报告。

质量检测报告项目应当包括3.3.2.3.7中规定的所有项目。方法验证报告应当附相关的典型色谱图原件，并对方法的可行性进行评价，加盖检测单位公章。

3.3.2.3.11 包装、运输和贮存注意事项、安全警示、有效期等。

3.3.2.4 毒理学资料

3.3.2.4.1 急性经口毒性试验；

3.3.2.4.2 急性经皮毒性试验；

3.3.2.4.3 急性吸入毒性试验

符合下列条件之一的产品提供此项毒理资料（下同）：

A 气体或者液化气体；

B 发烟制剂或者熏蒸制剂；

C 用雾化设备施药的制剂；

D 蒸汽释放制剂；

E 气雾剂；

F 含有直径<50μm的粒子占相当大比例（按重量计>1%）的制剂；

G 用飞机施药可能产生吸入接触的制剂；

H 含有的活性成分的蒸汽压>$1×10^{-2}$Pa并且可能用于仓库或者温室等密闭空间的制剂；

I 根据使用方式，能产生直径<50μm的粒子或小滴的占相当大比例（按重量计>1%）的制剂。

3.3.2.4.4 眼睛刺激性试验；

3.3.2.4.5 皮肤刺激性试验；

3.3.2.4.6 皮肤致敏性试验。

3.3.2.5 药效资料

3.3.2.5.1 室内活性测定试验报告（田间试验阶段已提供的，可以提供复印件）

3.3.2.5.2 对当茬试验作物的室内安全性试验报告（田间试验阶段已提供的，可以提供复印件）；

3.3.2.5.3 药效报告

杀虫剂、杀菌剂提供在我国境内4个以上省级行政地区、2年以上的田间小区药效试验报告。

除草剂、植物生长调节剂提供在我国境内5个以上省级行政地区、2年以上的田间小区药效试验报告，对长残效性除草剂，还应当提供对主要后茬作物的安全性试验报告。

局部地区种植的作物（如亚麻、甜菜、油葵、人参、橡胶树、荔枝树、龙眼树、香蕉、芒果树等）或仅限于局部地区发生的病、虫、草害，可以提供3个以上省级行政地区、2年以上的田间小区药效试验报告。

对在环境条件相对稳定的场所使用的农药，如仓贮用、防腐用、保鲜用的农药等，可以提供在我国境内2个以上省级行政地区、2个试验周期以上的药效试验报告。

3.3.2.5.4 农药田间试验批准证书（复印件）

3.3.2.5.5 其他

A 作用方式、作用谱、作用机理或作用机理预测分析；

B 抗性研究，包括对靶标生物敏感性测定、抗药性监测方法和抗药性风险评估等；

C 对田间主要捕食性和寄生性天敌的影响；

D 产品特点和使用注意事项等。

3.3.2.6 残留资料

3.3.2.6.1 残留试验数量要求

提供在我国进行的2年以上的残留试验报告。对应用于不同作物的农药产品，在不同自然条件或耕作制度的省级行政地区的残留试验数量要求见有关文件。

3.3.2.6.2 残留资料具体要求

A 残留试验报告；
B 残留分析方法

包括测定作物（应当明确其具体部位）、土壤、水中农药母体及其主要代谢物和有毒代谢物的分析方法。方法应当详细、在我国境内可行，内容包括方法来源、原理、仪器、试剂、操作步骤（包括提取，净化及仪器条件）、结果计算、方法回收率、灵敏度、变异系数等。

C 在其他国家和地区的残留试验数据（视需要）

包括作物、土壤、水中的残留量及初级农产品（鱼、肉、蛋、奶等）中的二次残留。

D 在农产品中的稳定性

视需要提供在登记作物农产品中农药残留的贮存稳定性试验数据。

E 在作物中的代谢

视需要提供该化合物在植物体内的吸收、转化、分布、最终代谢物和降解物及其毒性资料。

F 联合国粮农组织（FAO）、世界卫生组织（WHO）推荐的或其他国家规定的最高残留限量（MRL），日允许摄入量（ADI），并注明出处。

G 申请人建议在我国境内的最高残留限量（MRL）或指导性限量（GL）及施药次数、施药方法和安全间隔期。

H 下列农药一般不要求进行残留试验：

a 用于非食用作物（饲料作物除外）的农药；

b 低毒或微毒种子处理剂：包括拌种剂、种衣剂、浸种用的制剂等；

c 用于非耕地的农药（畜牧业草场除外）；

d 其他。

I 用于多种作物的农药，可以按作物的分类，选其中1种以上做残留试验。

3.3.2.7 环境影响资料

提供下列环境试验报告。根据农药特性、剂型、使用范围和使用方式等特点，可以适当减免部分试验。加工制剂所使用的原药对水蚤、藻类的毒性试验结果为低毒、对非靶标植物影响试验结果为低风险，并提供原药环境试验摘要资料的，可以不再提供对该种生物的试验报告。产品为缓慢释放的农药剂型的，提供土壤降解和土壤吸附试验报告。

3.3.2.7.1　鸟类急性经口毒性试验

3.3.2.7.2　鱼类急性毒性试验

3.3.2.7.3　水蚤急性毒性试验

3.3.2.7.4　藻类急性毒性试验

3.3.2.7.5　蜜蜂急性经口毒性试验

3.3.2.7.6　蜜蜂急性接触毒性试验

3.3.2.7.7　家蚕急性毒性试验

3.3.2.7.8　非靶标植物影响试验

3.3.2.8　标签或者所附具的说明书

应当按照《条例》、农业部农药产品标签相关规定的要求和试验结果设计样张，内容经批准后才能使用。

农药产品的毒性级别按产品的急性毒性分级，但由剧毒、高毒农药原药加工的制剂产品，当产品的毒性级别与其使用的原药的最高毒性级别不一致时，应当用括号标明其所使用的原药的最高毒性级别。

3.3.2.9　产品安全数据单（MSDS）

3.3.2.10　其他资料

3.3.2.10.1　在其他国家或地区已有的毒理学、药效、残留、环境影响试验和登记情况资料或综合查询报告等

3.3.2.10.2　其他

3.3.3　正式登记

3.3.3.1　正式登记申请表

3.3.3.2　产品摘要资料

包括产地、产品化学、毒理学、药效、残留、环境影响、境外登记情况等资料的简述。

3.3.3.3　产品化学资料

除临时登记时所规定的产品化学资料（见3.3.2.3）外，还应当提供3批次以上常温贮存稳定性报告。

3.3.3.4 毒理学资料

3.3.3.4.1 急性经口毒性试验

3.3.3.4.2 急性经皮毒性试验

3.3.3.4.3 急性吸入毒性试验

3.3.3.4.4 眼睛刺激性试验

3.3.3.4.5 皮肤刺激性试验

3.3.3.4.6 皮肤致敏性试验

3.3.3.5 药效资料

3.3.3.5.1 两个以上不同自然条件地区的示范试验报告

3.3.3.5.2 临时登记期间产品的使用情况综合报告

内容包括：产品使用面积、主要应用地区、使用技术、使用效果、抗性发展、作物安全性及对非靶标生物的影响等方面的综合评价。

3.3.3.6 残留资料

提供在我国境内进行的2年以上的残留试验报告。对应用于不同作物的农药产品，在不同自然条件或耕作制度的省级行政地区的残留试验数量要求见有关文件。

残留资料的具体要求同临时登记，见3.3.2.6。

3.3.3.7 环境影响资料

提供下列环境试验报告。根据农药特性、剂型、使用范围和使用方式等特点，可以适当减免部分试验。加工制剂所使用的原药对水蚤、藻类、天敌赤眼蜂或蚯蚓的毒性试验结果为低毒，对非靶标植物影响试验结果为低风险，并提供原药环境试验摘要资料的，可以不再提供对该种生物的试验报告。产品为缓慢释放的农药剂型的，提供土壤降解和土壤吸附试验资料。对环境有特殊风险的农药，还应当提供对环境影响的补充资料。

3.3.3.7.1 鸟类急性经口毒性试验

3.3.3.7.2 鱼类急性毒性试验

3.3.3.7.3 水蚤急性毒性试验

3.3.3.7.4 藻类急性毒性试验

3.3.3.7.5 蜜蜂急性经口毒性试验

3.3.3.7.6 蜜蜂急性接触毒性试验

3.3.3.7.7 天敌赤眼蜂急性毒性试验

3.3.3.7.8 家蚕急性毒性试验

3.3.3.7.9 蚯蚓急性毒性试验

3.3.3.7.10 对非靶标植物影响试验

3.3.3.8 标签或者所附具的说明书

3.3.3.8.1 按照《条例》、农业部有关农药产品标签管理的规定和试验结果设计的正式登记标签样张

3.3.3.8.2 批准农药临时登记时加盖农药登记审批专用章的标签样张、说明书

3.3.3.8.3 临时登记期间在市场上流通使用的标签

3.3.3.9 产品安全数据单（MSDS）

3.3.3.10 其他资料

3.3.3.10.1 在其他国家或地区已有的毒理学、药效、残留、环境影响试验和登记情况资料或综合查询报告等

3.3.3.10.2 其他

第四章 特殊新农药登记

4.1 卫生用农药

4.1.1 田间试验

4.1.1.1 田间试验申请表

4.1.1.2 产品化学摘要资料

4.1.1.2.1 有效成分

有效成分的通用名称、国际通用名称、化学名称、化学文摘（CAS）登录号、国际农药分析协作委员会（CIPAC）数字代号、开发号、实验式、相对分子质量、结构式、主要物化参数（如：外观、溶点、沸点、密度或堆密度、比旋光度、蒸气压、溶解度、分配系数等）。

4.1.1.2.2 原药

有效成分含量、主要杂质名称和含量，主要物化参数（如：外观、溶点、沸点、密度或堆密度、比旋光度），有效成分分析方法等。

4.1.1.2.3 制剂

剂型、有效成分含量、其他组成成分的具体名称及含量、主要物化参数、质量控制项目及其指标、类别（按用途）、有效成分分析方法等。

4.1.1.3 毒理学摘要资料

4.1.1.3.1 原药

急性经口毒性、急性经皮毒性、急性吸入毒性、皮肤和眼睛刺激性及皮肤致敏性。

4.1.1.3.2 制剂

急性经口毒性、急性经皮毒性、急性吸入毒性及中毒急救治疗措施等。

4.1.1.4 药效资料

4.1.1.4.1 作用方式、作用谱、作用机理或作用机理预测分析等

4.1.1.4.2 室内活性测定试验报告

4.1.1.4.3 混配目的说明和室内配方筛选报告（对混配制剂）

4.1.1.4.4 试验场所、防治对象、施药方法及注意事项等

4.1.1.5 其他资料

在其他国家或地区已有的药效、毒理学、环境影响和登记情况等资料或综合查询报告。

4.1.2 临时登记

4.1.2.1 原药临时登记

4.1.2.1.1 临时登记申请表

4.1.2.1.2 产品摘要资料

包括产地、产品化学、毒理学、环境影响、境外登记情况等资料的简述。

4.1.2.1.3 产品化学资料

同一般新农药，见 3.2.1.3。

4.1.2.1.4　毒理学资料

A　急性毒性试验

a　急性经口毒性试验；

b　急性经皮毒性试验；

c　急性吸入毒性试验；

d　眼睛刺激性试验；

e　皮肤刺激性试验；

f　皮肤致敏性试验。

B　亚慢（急）性毒性试验

要求 90 天大鼠喂养试验。用于加工成蚊香类、气雾剂和防蛀剂等具有反复吸入可能制剂的原药，还应当提供 28 天亚急性吸入毒性试验；用于加工成驱避剂等可能长期接触皮肤制剂的原药，还应当提供 28 天亚急性经皮毒性试验。

C　致突变性试验

a　鼠伤寒沙门氏菌/回复突变试验；

b　体外哺乳动物细胞基因突变试验；

c　体外哺乳动物细胞染色体畸变试验；

d　体内哺乳动物骨髓细胞微核试验。

以上 a-c 项试验任何一项出现阳性结果，第 d 项为阴性，则应当增加另一项体内试验（首选体内哺乳动物细胞 UDS 试验）。当 a-c 项试验均为阴性结果，而第 d 项为阳性时，则应当增加体内哺乳动物生殖细胞染色体畸变试验或显性致死试验。

D　迟发性神经毒性试验。

4.1.2.1.5　环境影响资料

A　所加工的制剂专用于内环境的，提供以下试验报告。根据农药特性或用途的不同，可以适当减免部分试验。

a　挥发性试验；

b　水解试验；

c　水中光解试验；

d　家蚕毒性试验。

B 所加工制剂用于外环境的,提供以下试验报告。根据农药特性或用途的不同,可以适当减免部分试验。

a 挥发性试验;

b 土壤吸附试验;

c 土壤降解试验;

d 水解试验;

e 水中光解试验;

f 水-沉积物降解试验;

g 鸟类急性经口毒性试验;

h 鱼类急性毒性试验;

i 水蚤急性毒性试验;

j 藻类急性毒性试验;

k 蜜蜂急性经口毒性试验;

l 蜜蜂急性接触毒性试验;

m 家蚕急性毒性试验。

4.1.2.1.6 产品标签

同一般新农药,见 3.2.2.6。

4.1.2.1.7 产品安全数据单(MSDS)

4.1.2.1.8 其他资料

A 在其他国家或地区已有的毒理、环境影响试验和登记情况资料或综合查询报告等;

B 其他。

4.1.2.2 制剂临时登记

4.1.2.2.1 临时登记申请表

4.1.2.2.2 产品摘要资料

包括产地、产品化学、毒理学、药效、环境影响、境外登记情况等资料的简述。

4.1.2.2.3 产品化学资料

同一般新农药制剂,详见 3.3.2.3。但有以下主要区别:

A 对有效成分含量低于 1% 的农药品种,在对产品有效成分的鉴别试验（包括异构体的鉴别）做出说明的情况下，可以不提供相应的异构体拆分方法。

B 对盘香产品，其有效成分含量范围，应当不高于标明值的40%，不低于标明值的20%。

C 对气雾剂产品，应当规定抛射剂（不能将氯氟化碳类物质作为抛射剂）的名称及含量。

4.1.2.2.4 毒理学资料

根据剂型的不同，提供相应的毒理学资料，具体要求如下：

A 蚊香、电热蚊香片：急性吸入毒性试验；

B 气雾剂：急性吸入毒性、眼睛刺激性、皮肤刺激性试验；

C 电热蚊香液：急性经口毒性、急性经皮毒性、急性吸入毒性；

D 驱避剂：急性经口毒性、急性经皮毒性、急性吸入毒性、眼睛刺激性、多次皮肤刺激性和致敏性试验。

E 其他剂型：急性经口毒性、急性经皮毒性、急性吸入毒性、眼睛刺激性、皮肤刺激性和致敏性试验。

产品因剂型和有效成分的特殊情况可以增加或减免试验项目。

4.1.2.2.5 药效资料

A 室内活性测定试验报告；

B 混配目的说明和室内配方筛选报告（对混配制剂，田间试验阶段已提供的，可以提供复印件）；

C 在我国境内2个以上省级行政地区、1年以上的室内药效测定试验报告：包括测定击倒中时（KT50）或致死中时（LT50）、致死中量（LD50）或致死中浓度（LC50）、死亡率等；

D 在我国境内2个以上省级行政地区、1年以上的模拟现场试验报告（室内用制剂）；

E 在我国境内2个以上省级行政地区、1年以上的现场试验报告（防白蚁用制剂和外环境用制剂）；

F 农药田间试验批准证书（复印件）；

G 其他

a 作用方式、作用谱、作用机理或作用机理预测分析；

b 抗性研究，包括对靶标生物敏感性测定、抗药性监测方法和抗药性风险评估等；

c 产品特点和使用注意事项等。

4.1.2.2.6 环境影响资料

A 室内用空间释放的制剂，提供家蚕毒性试验报告。根据农药特性、剂型、使用范围和使用方式等特点，可以适当减免此项试验。

B 室外用制剂，提供以下试验资料。根据农药特性、剂型、使用范围和使用方式等特点，可以适当减免部分试验。加工制剂所使用的原药对藻类或水蚤的毒性试验结果为低毒并提供原药环境试验摘要资料的，可以不再提供对该种生物的试验报告。产品为缓慢释放的农药剂型的，提供土壤降解和土壤吸附试验报告。

a 鸟类急性经口毒性试验；

b 鱼类急性毒性试验；

c 水蚤急性毒性试验；

d 藻类急性毒性试验；

e 蜜蜂急性经口毒性试验；

f 蜜蜂急性接触毒性试验；

g 家蚕急性毒性试验。

C 菊酯类卫生用农药产品可以不提供家蚕毒性试验报告，但需要在标签上注明对家蚕高毒及安全使用说明。

4.1.2.2.7 标签或者所附具的说明书

同一般新农药，见 3.3.2.8。

4.1.2.2.8 产品安全数据单（MSDS）

4.1.2.2.9 其他资料

A 在其他国家或地区已有的毒理学、药效、环境影响试验和登记情况资料或综合查询报告等；

B 其他。

4.1.3 正式登记

4.1.3.1 原药正式登记

4.1.3.1.1 正式登记申请表

4.1.3.1.2 产品摘要资料

包括产地、产品化学、毒理学、环境影响、境外登记情况等资料的简述。

4.1.3.1.3 产品化学资料

同临时登记规定，见 3.2.1.3。

4.1.3.1.4 毒理学资料

同一般新农药登记的要求（见 3.2.2.4）。但列入世界卫生组织（WHO）推荐的用于防治卫生害虫和媒介生物名单内的农药和拟除虫菊酯类农药，在临时登记资料的基础上，补充 6 个月的大鼠喂养试验报告。

4.1.3.1.5 环境影响资料

A 所加工的制剂专用于内环境的，提供以下试验报告。根据农药特性或用途的不同，可以适当减免部分试验。

 a 挥发性试验；
 b 水解试验；
 c 水中光解试验；
 d 家蚕毒性试验。

B 所加工制剂用于外环境的，提供以下试验报告。根据农药特性或用途的不同，可以适当减免部分试验。

 a 挥发性试验；
 b 土壤吸附试验；
 c 土壤降解试验；
 d 水解试验；
 e 水中光解试验；
 f 水-沉积物降解试验；
 g 鸟类急性经口毒性试验；
 h 鱼类急性毒性试验；
 i 水蚤急性毒性试验；
 j 藻类急性毒性试验；
 k 蜜蜂急性经口毒性试验；

l 蜜蜂急性接触毒性试验;

m 天敌两栖类急性毒性试验;

n 家蚕急性毒性试验。

4.1.3.1.6 标签或者所附具的说明书

A 按照《条例》、农业部有关农药产品标签管理的规定和试验结果设计的正式登记标签样张;

B 批准农药临时登记时加盖农药登记审批专用章的标签样张、说明书;

C 临时登记期间在市场上流通使用的标签。

4.1.3.1.7 产品安全数据单（MSDS）

4.1.3.1.8 其他资料

A 在其他国家或地区已有的毒理学、环境影响试验和登记情况资料或综合查询报告等;

B 其他。

4.1.3.2 制剂正式登记

4.1.3.2.1 正式登记申请表

4.1.3.2.2 产品摘要资料

包括产地、产品化学、毒理学、药效、环境影响、境外登记情况等资料的简述。

4.1.3.2.3 产品化学资料

除临时登记时所规定的产品化学资料（见 4.1.2.2.3）外，还应当提供 3 批次以上常温贮存稳定性报告。

4.1.3.2.4 毒理学资料

同临时登记的要求（见 4.1.2.2.4）。

4.1.3.2.5 药效资料

A 两个以上不同自然条件地区的示范试验报告（对外环境用制剂）;

B 临时登记期间产品的使用情况综合报告，内容包括：产品使用效果，抗性发展，安全性，对非靶标生物的影响等方面的综合评价。

4.1.3.2.6 环境影响资料

A 室内用空间释放的制剂，提供家蚕毒性试验报告。根据农药特性、剂型、使用范围和使用方式等特点，可以适当减免此项试验。

B 室外用制剂，提供以下试验报告。根据农药特性、剂型、使用范围和使用方式等特点，可以适当减免部分试验。加工制剂所使用的原药对藻类或水蚤的毒性试验结果为低毒并提供原药环境试验摘要资料的，可以不再提供对该种生物的试验报告。产品为缓慢释放的农药剂型的，提供土壤降解和土壤吸附试验报告。

a 鸟类急性经口毒性试验；
b 鱼类急性毒性试验；
c 水蚤急性毒性试验；
d 藻类急性毒性试验；
e 蜜蜂急性经口毒性试验；
f 蜜蜂急性接触毒性试验；
g 家蚕急性毒性试验。

C 菊酯类卫生用农药产品可以不提供家蚕毒性试验资料，但应当在标签上注明对家蚕高毒及安全使用说明。

4.1.3.2.7 标签或者所附具的说明书

A 按照《条例》、农业部有关农药产品标签管理的规定和试验结果设计的正式登记标签样张；

B 批准农药临时登记时加盖农药登记审批专用章的标签样张、说明书；

C 临时登记期间在市场上流通使用的标签。

4.1.3.2.8 产品安全数据单（MSDS）

4.1.3.2.9 其他资料

A 在其他国家或地区已有的毒理学、药效、环境影响试验和登记情况资料或综合查询报告等；

B 其他。

4.2 杀鼠剂

4.2.1 田间试验

4.2.1.1 田间试验申请表

4.2.1.2 产品化学摘要资料

4.2.1.2.1 有效成分

有效成分的通用名称、国际通用名称、化学名称、化学文摘（CAS）登录号、国际农药分析协作委员会（CIPAC）数字代号、开发号、实验式、相对分子质量、结构式、主要物化参数（如：外观、溶点、沸点、密度或堆密度、比旋光度、蒸气压、溶解度、分配系数等）。

4.2.1.2.2 原药

有效成分含量、主要杂质名称和含量，主要物化参数（如：外观、溶点、沸点、密度或堆密度、比旋光度），有效成分分析方法等。

4.2.1.2.3 制剂

剂型、有效成分含量、其他成分及含量、主要物化参数、质量控制项目及其指标、类别（按作用方式）、有效成分分析方法等。

4.2.1.3 毒理学摘要资料

4.2.1.3.1 原药

急性经口毒性、急性经皮毒性、急性吸入毒性、皮肤和眼睛刺激性及皮肤致敏性；

4.2.1.3.2 制剂

急性经口毒性、急性经皮毒性、急性吸入毒性及中毒急救治疗措施等。

4.2.1.4 药效资料

4.2.1.4.1 作用方式、作用谱、作用机理或作用机理预测分析；

4.2.1.4.2 试验场所、防治对象、施药方法及注意事项等。

4.2.1.5 其他资料

在其他国家或地区已有的药效、环境影响试验和登记情况资料或综合查询报告等。

4.2.2 临时登记

4.2.2.1 原药临时登记

4.2.2.1.1 临时登记申请表

4.2.2.1.2 产品摘要资料

包括产地、产品化学、毒理学、环境影响、境外登记情况等资料的简述。

4.2.2.1.3 产品化学资料

同一般新农药登记,见 3.2.1.3。

4.2.2.1.4 毒理学资料

A 急性毒性试验

a 急性经口毒性试验;

b 急性经皮毒性试验;

c 急性吸入毒性试验;

d 眼睛刺激性试验;

e 皮肤刺激性试验;

f 致敏性试验。

B 亚慢(急)性毒性

要求 90 天大鼠喂养试验。根据产品特点还应当进行 28 天经皮或 28 天吸入毒性试验;

C 致突变性试验

a 鼠伤寒沙门氏菌/回复突变试验;

b 体外哺乳动物细胞基因突变试验;

c 体外哺乳动物细胞染色体畸变试验;

d 体内哺乳动物骨髓细胞微核试验。

以上 a-c 项试验任何一项出现阳性结果,第 d 项为阴性,则应当增加另一项体内试验(首选体内哺乳动物细胞 UDS 试验)。当 a-c 项试验均为阴性结果,而第 d 项为阳性时,则应当增加体内哺乳动物生殖细胞染色体畸变试验或显性致死试验。

D 迟发性神经毒性试验。

4.2.2.1.5 环境影响资料

提供原药的以下环境试验报告。根据农药的特性,可以适当减免部分试验。

A 环境行为试验

a 挥发性试验;

b 土壤吸附试验;

c 淋溶试验;

d 土壤降解试验;

e 水解试验;

f 水中光解试验;

g 土壤表面光解试验;

h 水-沉积物降解试验。

B 环境毒性试验

a 鸟类急性经口毒性试验;

b 鸟类短期饲喂毒性试验;

c 鱼类急性毒性试验;

d 水蚤急性毒性试验;

e 藻类急性毒性试验。

C 禽、畜的毒性试验。

4.2.2.1.6 标签或者所附具的说明书

提供产品标签样张,内容要求同 3.2.1.6。同时,还应当符合我国对杀鼠剂标签管理的有关规定。

4.2.2.1.7 产品安全数据单(MSDS)

4.2.2.1.8 其他资料

A 在其他国家或地区已有的毒理学、环境影响试验和登记情况资料或综合查询报告等;

B 其他。

4.2.2.2 制剂临时登记

4.2.2.2.1 临时登记申请表

4.2.2.2.2 产品摘要资料

包括产地、产品化学、毒理学、药效、环境影响、境外登记情况等资料的简述。

4.2.2.2.3 产品化学资料

同一般新农药,见 3.3.2.3。

4.2.2.2.4 毒理学资料

A 急性经口毒性试验；
B 急性经皮毒性试验；
C 急性吸入毒性试验；
D 眼睛刺激性试验；
E 皮肤刺激性试验；
F 致敏性试验。

4.2.2.2.5 药效资料

A 药效报告

农田、森林和草原上使用的杀鼠剂应当提供2个以上省级行政地区、2年以上的药效试验报告；其他情况下使用的杀鼠剂应当提供2个以上省级行政地区、1年以上的药效试验报告。

B 农药田间试验批准证书（复印件）；

C 其他

a 作用方式、作用谱、作用机理或作用机理预测分析；

b 产品特点和使用注意事项等。

4.2.2.2.6 残留资料

全面撒施的杀鼠剂提供在我国境内2个以上省级行政地区、2年以上的残留试验报告。残留资料的具体要求同一般新农药，见3.3.2.6。

4.2.2.2.7 环境影响资料

提供以下环境试验报告。根据农药特性、剂型、使用范围和使用方式等特点，可以适当减免部分试验。加工制剂所使用的原药对水蚤、藻类或禽、畜的毒性试验结果为低毒并提供原药环境试验摘要资料的，可以不再提供对该种生物的试验报告。产品为缓慢释放的农药剂型的，提供土壤降解和土壤吸附试验报告。对环境有特殊风险的农药，还应当提供对环境影响的补充资料。

A 鸟类急性经口毒性试验；

B 鱼类急性毒性试验；

C 水蚤急性毒性试验；

D 藻类急性毒性试验；

E 禽、畜的毒性试验。

4.2.2.2.8 标签或者所附具的说明书

提供产品标签样张，内容要求同 3.3.2.8。同时，还应当符合我国对杀鼠剂标签管理的有关规定。

4.2.2.2.9 产品安全数据单（MSDS）

4.2.2.2.10 其他资料

A 在其他国家或地区已有的毒理学、药效、残留、环境影响试验和登记情况资料或综合查询报告等；

B 其他。

4.2.3 正式登记

4.2.3.1 原药正式登记

4.2.3.1.1 正式登记申请表

4.2.3.1.2 产品摘要资料

包括产地、产品化学、毒理学、环境影响、境外登记情况等资料简述。

4.2.3.1.3 产品化学资料

同临时登记规定，见 3.2.1.3。

4.2.3.1.4 毒理学资料

在临时登记资料规定的基础上，应当补充 6 个月的慢性毒性试验资料。如果没有特殊问题，则不要求进一步的试验。

4.2.3.1.5 环境影响资料

提供以下环境试验报告。根据农药的特性，可以适当减免部分试验。

  A 环境行为试验

  a 挥发性试验；

  b 土壤吸附试验；

  c 淋溶试验；

  d 土壤降解试验；

  f 水解试验；

  g 水中光解试验；

h 土壤表面光解试验;

i 水-沉积物降解试验;

j 生物富集试验。

B 环境毒性试验

a 鸟类急性经口毒性试验;

b 鸟类短期饲喂毒性试验;

c 鸟慢性毒性试验;

d 鱼类急性毒性试验;

e 水蚤急性毒性试验;

f 藻类急性毒性试验;

g 天敌两栖类急性毒性试验;

h 蚯蚓急性毒性试验;

i 对土壤微生物的影响试验;

j 禽、畜的毒性试验。

C 提供肉食性动物二次中毒的资料（原药低毒的,可以不提供）。

4.2.3.1.6 标签或者所附具的说明书

A 按照《条例》、农业部有关农药产品标签管理的规定;

B 批准农药临时登记时加盖农药登记审批专用章的标签样张、说明书;

C 临时登记期间在市场上流通使用的标签。

4.2.3.1.7 产品安全数据单（MSDS）

4.2.3.1.8 其他资料

A 在其他国家或地区已有的毒理学、环境影响试验和登记情况资料或综合查询报告等;

B 其他。

4.2.3.2 制剂正式登记

4.2.3.2.1 正式登记申请表

4.2.3.2.2 产品摘要资料

包括产地、产品化学、毒理学、药效、残留、环境影响、境外登记情况等资料简述。

4.2.3.2.3 产品化学资料

除临时登记时所规定的产品化学资料（见4.2.2.2.3）外，还应当提供3批次以上常温贮存稳定性报告。

4.2.3.2.4 毒理学资料

A 急性经口毒性试验；

B 急性经皮毒性试验；

C 急性吸入毒性试验；

D 眼睛刺激性试验；

E 皮肤刺激性试验；

F 皮肤致敏性试验。

4.2.3.2.5 药效资料

A 两个以上不同自然条件地区的示范试验报告（对农田、森林和草原上使用的杀鼠剂）；

B 临时登记期间产品的使用情况综合报告，内容包括：产品使用面积、主要应用地区、使用技术、使用效果、抗性发展及对非靶标生物的影响等方面的综合评价。

4.2.3.2.6 残留资料

全面撒施的杀鼠剂应当提供在我国境内2个以上省级行政地区、2年以上的残留试验报告。

残留资料的具体要求同一般新农药（见3.3.2.6）。

4.2.3.2.7 环境影响资料

提供以下环境试验报告。根据农药特性、剂型、使用范围和使用方式等特点，可以适当减免部分试验。加工制剂所使用的原药对水蚤、藻类、蚯蚓或禽、畜的毒性试验结果为低毒并提供原药环境试验摘要资料的，可以不再提供对该种生物的试验报告。产品为缓慢释放的农药剂型的，应当提供土壤降解和土壤吸附试验报告。对环境有特殊风险的农药，还应当提供对环境影响的补充资料。

A 鸟类急性经口毒性试验；

B 鱼类急性毒性试验；

C 水蚤急性毒性试验；

D 藻类急性毒性试验；

E 蚯蚓急性毒性试验；

F 禽、畜的毒性试验。

4.2.3.2.8 标签或者所附具的说明书

A 按照《条例》、农业部有关农药产品标签管理的规定、杀鼠剂标签管理规定和试验结果设计的正式登记标签样张；

B 批准农药临时登记时加盖农药登记审批专用章的标签样张、说明书；

C 临时登记期间在市场上流通使用的标签。

4.2.3.2.9 产品安全数据单（MSDS）

4.2.3.2.10 其他资料

A 在其他国家或地区已有的毒理学、药效、残留、环境影响试验和登记情况资料或综合查询报告等；

B 其他。

4.3 生物化学农药

4.3.1 田间试验

4.3.1.1 田间试验申请表

4.3.1.2 产品化学摘要资料

4.3.1.2.1 有效成分

有效成分的通用名称、国际通用名称、化学名称、化学文摘（CAS）登录号、国际农药分析协作委员会（CIPAC）数字代号、开发号、实验式、相对分子质量、结构式、主要物化参数（如：外观、溶点、沸点、密度或堆密度、比旋光度、蒸气压、溶解度、分配系数等）。

4.3.1.2.2 原药

有效成分含量、主要杂质名称和含量，主要物化参数（如：外观、溶点、沸点、密度或堆密度、比旋光度），有效成分分析方法等。

4.3.1.2.3 制剂

剂型、有效成分含量、其他成分的具体名称及含量、主要物化参数、质量控制项目及其指标、类别（按用途）、有效成分分析方法等。

4.3.1.3　毒理学摘要资料

4.3.1.3.1　原药

急性经口毒性、急性经皮毒性、急性吸入毒性，皮肤和眼睛刺激性及皮肤致敏性试验。

4.3.1.3.2　制剂

急性经口毒性、急性经皮毒性、急性吸入毒性试验及中毒急救治疗措施等。

4.3.1.4　药效资料

4.3.1.4.1　作用方式、作用谱、作用机理或作用机理预测分析

4.3.1.4.2　室内活性测定试验报告

4.3.1.4.3　混配目的说明和室内配方筛选报告（对混配制剂）

4.3.1.4.4　试验作物、防治对象、施药方法及注意事项等

4.3.1.5　其他资料

在其他国家或地区已有的田间毒理学、药效、残留、环境影响试验和登记情况资料或综合查询报告等。

4.3.2　临时登记

4.3.2.1　原药临时登记

4.3.2.1.1　临时登记申请表

4.3.2.1.2　产品摘要资料

包括产地、产品化学、毒理学、环境影响、境外登记情况等资料简述。

4.3.2.1.3　产品化学资料

同一般新农药登记，见 3.2.1.3。

4.3.2.1.4　毒理学资料

A　基本毒理学资料

a　急性经口毒性试验；

b　急性经皮毒性试验；

c　急性吸入毒性试验；

d　眼睛刺激性试验；

e　皮肤刺激性试验；

　　f　皮肤致敏性试验。

　　B　补充毒理学资料

　　如基本毒理学试验发现对哺乳动物高毒或剧毒，则应当根据具体情况补充90天大鼠喂养试验报告。如有特殊需要，还应当提供28天经皮毒性、免疫毒性、致突变性、致畸性、致癌性试验等资料。

4.3.2.1.5　环境影响资料

　　提供以下环境试验报告。根据农药的特性或用途的不同，可以适当减免部分试验。

　　A　鱼类急性毒性试验；

　　B　水蚤急性毒性试验；

　　C　藻类急性毒性试验；

　　D　蜜蜂急性经口毒性试验；

　　E　蜜蜂急性接触毒性试验；

　　F　家蚕急性毒性试验。

　　以上试验表明该原药对非靶标生物为高毒的，应当提供与该非靶标生物有关的原药环境行为试验报告。

4.3.2.1.6　标签或者所附具的说明书

　　提供产品标签样张，内容要求同3.2.1.6。

4.3.2.1.7　产品安全数据单（MSDS）

4.3.2.1.8　其他资料

　　A　在其他国家或地区已有的毒理学、环境影响试验和登记情况资料或综合查询报告等；

　　B　其他。

4.3.2.2　制剂临时登记

4.3.2.2.1　临时登记申请表

4.3.2.2.2　产品摘要资料

　　包括产地、产品化学、毒理学、药效、环境影响、境外登记情况等资料简述。

4.3.2.2.3　产品化学资料

同一般新农药登记,见 3.3.2.3。

4.3.2.2.4 毒理学资料

A 急性经口毒性试验;

B 急性经皮毒性试验;

C 急性吸入毒性试验;

D 眼睛刺激性试验;

E 皮肤刺激性试验;

F 皮肤致敏性试验。

4.3.2.2.5 药效资料

A 室内活性测定试验报告(田间试验阶段已提供的,可以提供复印件);

B 混配目的说明和室内配方筛选报告(对混配制剂,田间试验阶段已提供的,可以提供复印件);

C 药效报告

提供在我国境内 4 个以上省级行政地区(对植物生长调节剂为 5 个以上省级行政地区)、2 年以上的田间小区药效试验报告。

局部地区种植的作物(如亚麻、甜菜、油葵、人参、橡胶树、荔枝树、龙眼树、香蕉、芒果树等)或仅限于局部地区发生的病、虫、草害,可以提供 3 个以上省级行政地区、2 年以上的田间小区药效试验报告。

对在环境条件相对稳定的场所使用的农药,如仓贮用、防腐用、保鲜用的农药等,可以提供在我国境内 2 个以上省级行政地区、2 个试验周期以上的药效试验报告。

D 农药田间试验批准证书(复印件);

E 其他

a 作用方式、作用谱、作用机理或作用机理预测分析;

b 产品特点和使用注意事项等。

4.3.2.2.6 残留资料

根据农药特性和使用方法,按照评审委员会意见提供在我国进行的 2 年以上的残留试验报告。对应用于不同作物的农药产品,在不同自然条件或耕作制度的省级行政地区的残留试验数量和资料要求见3.3.2.6。

4.3.2.2.7 环境影响资料

提供家蚕急性毒性试验报告。根据农药特性、剂型、使用范围和使用方式等特点，可以免除此项试验。

对环境有特殊风险的农药，还应当提供对环境影响的补充资料。

4.3.2.2.8 标签或者所附具的说明书

提供产品标签样张，内容要求同3.3.2.8。

4.3.2.2.9 产品安全数据单（MSDS）

4.3.2.2.10 其他资料

A 在其他国家或地区已有的毒理学、药效、残留、环境影响试验和登记情况资料或综合查询报告等；

B 其他。

4.3.3 正式登记

4.3.3.1 原药正式登记

4.3.3.1.1 正式登记申请表

4.3.3.1.2 产品摘要资料

包括产地、产品化学、毒理学、环境影响、境外登记情况等资料简述。

4.3.3.1.3 产品化学资料

同临时登记规定，见3.2.1.3。

4.3.3.1.4 毒理学资料

A 基本毒理学资料

a 急性经口毒性试验；

b 急性经皮毒性试验；

C 急性吸入毒性试验；

d 眼睛刺激性试验；

e 皮肤刺激性试验；

f 皮肤致敏性试验。

B 补充毒理学资料

如基本毒理学试验发现对哺乳动物高毒或剧毒,则应当根据具体情况补充90天大鼠喂养试验报告。如有特殊需要,还应当提供28天经皮毒性、免疫毒性、致突变性、致畸性、致癌性试验等资料。

4.3.3.1.5 环境影响资料

提供以下环境试验报告。根据农药的特性和用途的不同,可以适当减免部分试验。试验表明该原药对非靶标生物为高毒的,应当提供与该非靶标生物有关的原药环境行为试验报告。

A 鱼类急性毒性试验;

B 水蚤急性毒性试验;

C 藻类急性毒性试验;

D 蜜蜂急性经口毒性试验;

E 蜜蜂急性接触毒性试验;

F 家蚕急性毒性试验。

4.3.3.1.6 标签或者所附具的说明书

A 按照《条例》、农业部有关农药产品标签管理的规定和试验结果设计的正式登记标签样张;

B 批准农药临时登记时加盖农药登记审批专用章的标签样张、说明书;

C 临时登记期间在市场上流通使用的标签。

4.3.3.1.7 产品安全数据单(MSDS)

4.3.3.1.8 其他资料

A 其他国家或地区已有的毒理学、环境影响试验和登记情况资料或综合查询报告等;

B 其他。

4.3.3.2 制剂正式登记

4.3.3.2.1 正式登记申请表

4.3.3.2.2 产品摘要资料

包括产地、产品化学、毒理学、药效、残留、环境影响、境外登记情况等资料简述。

4.3.3.2.3 产品化学资料

除临时登记时所规定的产品化学资料（见 3.3.2.3）外，还应当提供 3 批次以上常温贮存稳定性报告。

4.3.3.2.4　毒理学资料

A　急性经口毒性试验；

B　急性经皮毒性试验；

C　急性吸入毒性试验；

D　眼睛刺激性试验；

E　皮肤刺激性试验；

F　皮肤致敏性试验。

4.3.3.2.5　药效资料

A　两个以上不同自然条件地区的示范试验报告；

B　临时登记期间产品的使用情况综合报告，内容包括：产品使用面积、主要应用地区、使用技术、使用效果、抗性发展、作物安全性及对非靶标生物的影响等方面的综合评价。

4.3.3.2.6　残留资料

根据农药特性和使用方法，按照评审委员会意见提供在我国进行的 2 年以上的残留试验报告。对应用于不同作物的农药产品，在不同自然条件或耕作制度的省级行政地区的残留试验数量和资料要求见 3.3.2.6。

4.3.3.2.7　环境毒性资料

提供家蚕急性毒性试验报告。根据农药特性、剂型、使用范围和使用方式等特点，可以免除此项试验。

对环境有特殊风险的农药，还应当提供对环境影响的补充资料。

4.3.3.2.8　标签或者所附具的说明书

A　按照《条例》、农业部有关农药产品标签管理的规定和试验结果设计的正式登记标签样张；

B　批准农药临时登记时加盖农药登记审批专用章的标签样张、说明书；

C　临时登记期间在市场上流通使用的标签。

4.3.3.2.9　产品安全数据单（MSDS）

4.3.3.2.10　其他资料

A　在其他国家或地区已有的毒理学、药效、残留、环境影响试验和登记情况资料或综合查询报告等；

B　其他。

4.4　微生物农药

4.4.1　田间试验

4.4.1.1　田间试验申请表

4.4.1.2　产品化学及生物学特性摘要资料

4.4.1.2.1　有效成分生物学特性

有效成分的通用名称、国际通用名称，分类地位和品系、微生物在自然界的存在形式等。

4.4.1.2.2　原药

有效成分鉴定试验程序（如形态学、生物化学、血清学、分子遗传学）和含量，其他成分（如杂菌）及含量，主要物化和生化参数，其他产品技术要求。

4.4.1.2.3　制剂

剂型、有效成分含量、其他组成成分的具体名称及含量、主要物化和生化参数、质量控制项目及其指标、类别（按用途）、有效成分分析方法等。

4.4.1.3　毒理学资料摘要

4.4.1.3.1　原药

急性经口毒性、急性经皮毒性、急性吸入毒性、眼睛刺激性、致敏性、致病性试验。

4.4.1.3.2　制剂

急性经口毒性、急性经皮毒性、急性吸入毒性试验及中毒急救措施等。

4.4.1.4　药效资料

4.4.1.4.1　作用方式、作用谱、作用机理或作用机理预测分析；

4.4.1.4.2　室内活性测定试验报告；

4.4.1.4.3　混配目的说明和室内配方筛选报告（对混配制剂）；

4.4.1.4.4 试验作物、防治对象、施药方法及注意事项等。

4.4.1.5 其他资料

在其他国家或地区已有的田间药效、残留、环境影响试验和登记情况资料或综合查询报告等。

4.4.2 临时登记

4.4.2.1 原药临时登记

4.4.2.1.1 临时登记申请表

4.4.2.1.2 产品摘要资料

包括产品化学及生物学特性、毒理学、环境影响、境外登记情况等资料的简述。

4.4.2.1.3 产品化学及生物学特性资料

A 有效成分的识别：有效成分的通用名称、国际通用名称，分类地位和品系、微生物的自然存在形式等；

B 原药的物化性质；

C 产品质量控制项目及其指标

a 有效成分和含量；

b 其他成分（如杂菌）及含量；

c 产品其他控制项目及其指标。

D 与产品质量控制项目相对应的检测方法和方法确认

检测方法通常包括方法提要、原理、仪器、试剂、操作条件、溶液配制、测定步骤、结果分析、允许误差和相关图谱等。

检测方法的确认包括方法的精密度、图谱原件等，并给出检测方法最低检出浓度。

采用现行国家标准、行业标准，可以不提供精密度数据和最低检出浓度试验资料。

E 控制项目及其指标确定的说明

对控制项目及其指标的制定依据和合理性做出必要的解释。

F5 批次产品全项分析报告（包括有效成分的鉴定报告，如形态学、生物化学或血清学）；

G 产品质量检测与方法验证报告

提供法定质量检测机构出具的产品质量检测和方法验证报告。

质量检测报告项目应当包括4.4.2.1.3C中规定的所有项目。方法验证报告应当附相关的典型图谱原件，并对方法的可行性进行评价，加盖检测单位公章。

H 生产工艺

包括原材料的名称、代码、生产流程图（包括主产物、副产物）等。

I 包装、运输和贮存注意事项、安全警示、验收期等。

4.4.2.1.4 毒理学资料

A 有关确认有效成分不是人或其他哺乳动物的已知病原体的证明资料；

B 基本毒理学资料

a 急性经口毒性试验；

b 急性经皮毒性试验；

c 急性吸入毒性试验；

d 眼睛刺激性/感染性试验；

e 致敏性试验、有关接触人员的致敏性病例情况调查资料和境内外相关致敏性病例报道；

f 致病性

——经口致病性；

——吸入致病性；

——注射致病性（细菌和病毒进行静脉注射试验；真菌或原生动物进行腹腔注射试验）；

C 补充毒理学资料

如果发现微生物农药产生毒素、出现明显的感染症状或者持久存在等迹象，可以视情况补充试验资料，如亚慢性毒性、致突变性、生殖毒性、慢性毒性、致癌性、免疫缺陷、灵长类动物致病性等。

4.4.2.1.5 环境影响资料

提供以下环境试验报告。根据农药的特性或用途的不同，可以适当减免部分试验报告。试验表明该原药对上述环境生物为高毒或具有致病性的,还需对该种微生物在环境中的繁衍能力进行试验。

A 鸟类急性经口毒性试验;

B 鱼类急性毒性试验;

C 水蚤急性毒性试验;

D 藻类急性毒性试验;

E 蜜蜂急性经口毒性试验;

F 蜜蜂急性接触毒性试验;

G 家蚕急性毒性试验。

4.4.2.1.6 标签或者所附具的说明书

提供的产品标签样张,内容要求同 3.2.1.6。

4.4.2.1.7 产品安全数据单(MSDS)

4.4.2.1.8 其他资料

A 在其他国家或地区已有的毒理学、环境影响试验和登记情况资料或综合查询报告等;

B 在环境中释放变异情况及其风险性说明;

C 其他。

4.4.2.2 制剂临时登记

4.4.2.2.1 临时登记申请表

4.4.2.2.2 产品摘要资料

包括产地、产品化学及生物学特性、毒理学、药效、环境影响、境外登记情况等资料的简述。

4.4.2.2.3 产品化学及生物学特性资料

A 有效成分生物学特征,内容包括:有效成分通用名称、国际通用名称,分类地位和品系、微生物在自然界的存在形式等。

B 原药基本信息:有效成分和含量,其他成分(如杂菌)及含量。

C 产品组成:加工制剂产品中所有组成成分的具体名称、含量及其在产品中的作用。对于限制性组分,如渗透剂、增效剂、安全剂等,还应当提供其化学名称、结构式、基本物化性质、来源、安全性、境内外使用情况等资料。

D 加工方法描述：主要生产设备和加工过程。

E 鉴别试验

产品中有效成分等的鉴别试验方法。

F 理化性质

提供制剂产品下列参数的测定方法和测定结果：外观（包括颜色、物态、气味等）、密度或堆密度、粘度、可燃性、腐蚀性、爆炸性、闪点以及与其他农药的相混性等。

G 产品质量控制项目及其指标

a 有效成分含量

已有国家标准、行业标准的产品，按相应标准规定有效成分含量。

尚未有国家标准、行业标准的产品，有效成分含量由标明含量和允许波动范围组成。标明含量是生产者在标签上标明的有效成分含量。允许波动范围是客户或第三方检测机构在产品有效期内按照登记的检测方法进行检测时，应当符合的含量范围。具体参照 3.3.2.3.7A 执行。

b 相关杂质含量：规定相关杂菌、杂质的最高含量。

c 其他限制性组分含量：根据实际情况进行规定（如紫外线保护剂、保水剂等）。

d 其他与剂型相关的控制项目见有关文件。文件中未列出的剂型，可参照联合国粮农组织（FAO）、世界卫生组织（WHO）制定的规格要求。创新剂型的控制项目及其指标可根据有效成分的特点、施用方法、安全性等多方面综合考虑来制定。

e 贮存稳定性及温度、贮存条件对产品生物活性的影响：根据产品特性进行低温稳定性（适用于液体制剂）、热贮稳定性（适用于固体、液体制剂）、冻融稳定性（适用于微胶囊制剂）和其他条件对产品质量的影响试验。

H 与控制项目及其指标相对应的检测方法和方法确认

检测方法通常包括方法提要、原理、仪器、试剂、操作条件、溶液配制、测定步骤、结果分析、允许误差和相关图谱等。

检测方法的确认包括方法的精密度、图谱原件等，并给出检测方法最低检出浓度。

采用现行国家标准、行业标准，可以不提供精密度数据和最低检出浓度试验资料。

I 控制项目及其指标确定的说明

对控制项目及其指标的制定依据和合理性做出必要的解释。

J 产品质量检测与测定方法验证报告

提供法定质量检测机构出具的产品质量检测和方法验证报告。

质量检测报告项目应当包括4.4.2.2.3G中规定的所有项目。方法验证报告应当附相关的典型图谱原件，并对方法的可行性进行评价，加盖检测单位公章。

K 包装、运输和贮存注意事项、安全警示、有效期。

4.4.2.2.4 毒理学资料

A 有关确认有效成分不是人或其他哺乳动物的已知病原体的证明资料。

B 基本毒理学资料

a 急性经口毒性试验；

b 急性经皮毒性试验；

c 急性吸入毒性试验；

d 眼睛刺激性试验；

e 皮肤刺激性试验；

f 皮肤致敏性试验。

4.4.2.2.5 药效资料

A 室内活性测定试验报告（田间试验阶段已提供的，可以提供复印件）；

B 混配目的说明和室内配方筛选报告（对混配制剂，田间试验阶段已提供的，可以提供复印件）；

C 药效报告

杀虫剂、杀菌剂提供在我国境内4个以上省级行政地区、2年以上的田间小区药效试验报告。

除草剂、植物生长调节剂提供在我国境内5个以上省级行政地区、

2年以上的田间小区药效试验报告。

局部地区种植的作物（如亚麻、甜菜、油葵、人参、橡胶树、荔枝树、龙眼树、香蕉、芒果树等）或仅限于局部地区发生的病、虫、草害，可以提供3个以上省级行政地区、2年以上的田间小区药效试验报告。

对在环境条件相对稳定的场所使用的农药，如仓贮用、防腐用、保鲜用的农药等，可以提供在我国境内2个以上省级行政地区、2个试验周期以上的药效试验报告。

D 农药田间试验批准证书（复印件）；

E 其他

a 作用方式、作用谱、作用机理或作用机理预测分析；

b 抗性研究，包括对靶标生物敏感性测定、抗药性监测方法和抗药性风险评估等；

c 对田间主要捕食性和寄生性天敌的影响；

d 产品特点和使用注意事项等。

4.4.2.2.6 残留资料

根据农药特性和使用方法，按照评审委员会意见提供在我国进行的2年以上的残留试验报告。对应用于不同作物的农药产品，在不同自然条件或耕作制度的省级行政地区的残留试验数量和资料要求见3.3.2.6。

4.4.2.2.7 环境影响资料

提供以下环境试验报告。根据农药特性、剂型、使用范围和使用方式等特点，可以适当减免部分试验报告。

A 鸟类急性经口毒性试验；

B 鱼类急性毒性试验；

C 蜜蜂急性经口毒性试验；

D 蜜蜂急性接触毒性试验；

E 家蚕急性毒性试验。

4.4.2.2.8 标签或者所附具的说明书

提供产品标签样张，内容要求同3.3.2.8。

4.4.2.2.9 产品安全数据单（MSDS）

4.4.2.2.10 其他资料

A 在其他国家或地区已有的毒理学、药效、残留、环境影响试验和登记情况资料或综合查询报告等；

B 其他。

4.4.3 正式登记

4.4.3.1 原药正式登记

4.4.3.1.1 正式登记申请表

4.4.3.1.2 产品摘要资料

包括产地、产品化学及生物学特性、毒理学、环境影响、境外登记情况等资料简述。

4.4.3.1.3 产品化学及生物学特性资料

同临时登记规定，见4.4.2.1.3。

4.4.3.1.4 毒理学资料

A 有关确认有效成分不是人或其他哺乳动物的已知病原体的证明资料。

B 基本毒理学资料

a 急性经口毒性试验；

b 急性经皮毒性试验；

c 急性吸入毒性试验；

d 眼睛刺激性/感染性试验；

e 致敏性试验、有关接触人员的致敏性病例情况调查资料和境内外相关致敏性病例报道；

f 致病性

——经口致病性；

——吸入致病性；

——注射致病性（细菌和病毒进行静脉注射试验；真菌或原生动物进行腹腔注射试验）。

G 细胞培养试验（病毒、类病毒、某些细菌和原生动物要求此项试验）。

C 补充毒理学资料

如果发现微生物农药产生毒素、出现明显的感染症状或者持久存在等迹象，应当补充试验资料，如亚慢性毒性、致突变性、生殖毒性、慢性毒性、致癌性、免疫缺陷、灵长类动物致病性等。

D 人群接触情况调查资料

4.4.3.1.5 环境影响资料

提供以下环境试验报告。根据农药的特性或用途不同，可以适当减免部分试验。试验表明该原药对上述环境生物为高毒或具有致病性的，还需对该种微生物在环境中的繁衍能力进行试验。

A 鸟类急性经口毒性试验；

B 鱼类急性毒性试验；

C 水蚤急性毒性试验；

D 藻类急性毒性试验；

E 蜜蜂急性经口毒性试验；

F 蜜蜂急性接触毒性试验；

G 家蚕急性毒性试验。

4.4.3.1.6 标签或者所附具的说明书

A 按照《条例》、农业部有关农药产品标签管理的规定和试验结果设计的正式登记标签样张；

B 批准农药临时登记时加盖农药登记审批专用章的标签样张、说明书；

C 临时登记期间在市场上流通使用的标签。

4.4.3.1.7 产品安全数据单（MSDS）

4.4.3.1.8 其他资料

A 在其他国家或地区已有的毒理学、环境影响试验和登记情况资料或综合查询报告等；

B 在环境中释放变异情况及其风险性说明；

C 其他。

4.4.3.2 制剂正式登记

4.4.3.2.1 正式登记申请表

4.4.3.2.2　产品摘要资料

包括产地、产品特性、毒理学、药效、残留、环境影响、境外登记情况等资料简述。

4.4.3.2.3　产品化学及产品生物学特性资料

除临时登记时所规定的产品化学资料（见4.4.2.2.3）外，还应当提供3批次以上常温贮存稳定性报告。

4.4.3.2.4　毒理学资料

A　有关确认有效成分不是人或其他哺乳动物的已知病原体的证明资料。

B　确认微生物农药制剂不含作为污染物或突变子存在的病原体。

C　基本毒理学资料

a　急性经口毒性试验；

b　急性经皮毒性试验；

c　急性吸入毒性试验；

d　眼睛刺激性试验；

e　皮肤刺激性试验；

f　皮肤致敏性试验。

D　在临时登记资料规定的基础上，如果发现有特殊问题，可以根据具体情况要求补充必要的资料。

4.4.3.2.5　药效资料

A　两个以上不同自然条件地区的示范试验报告；

B　临时登记期间产品的使用情况综合报告。内容包括：产品使用面积、主要应用地区、使用技术、使用效果、抗性发展、作物安全性及对非靶标生物的影响等方面的综合评价。

4.4.3.2.6　残留资料

根据农药特性和使用方法，按照评审委员会意见提供在我国进行的2年以上的残留试验报告。对应用于不同作物的农药产品，在不同自然条件或耕作制度的省级行政地区的残留试验数量和资料要求见3.3.2.6。

4.4.3.2.7　环境影响资料

提供下列环境试验报告。根据农药特性、剂型、使用范围和使用方式等特点，可以适当减免部分试验。对环境有特殊风险的农药，还应当提供对环境影响的补充资料。

A 鸟类急性经口毒性试验；

B 鱼类急性毒性试验；

C 蜜蜂急性经口毒性试验；

D 蜜蜂急性接触毒性试验；

E 家蚕急性毒性试验。

4.4.3.2.8 标签或者所附具的说明书

A 按照《条例》、农业部有关农药产品标签管理的规定和试验结果设计的正式登记标签样张；

B 批准农药临时登记时加盖农药登记审批专用章的标签样张、说明书；

C 临时登记期间在市场上流通使用的标签。

4.4.3.2.9 产品安全数据单（MSDS）

4.4.3.2.10 其他资料

A 在其他国家或地区已有的毒理学、药效、残留、环境影响试验和登记情况资料或综合查询报告等；

B 在环境中释放变异情况及其风险性说明；

C 其他。

4.5 植物源农药

申请植物源农药登记应当详细说明其原料来源（人工专门栽培或野生植物）和所用植物的部位（种子、果实、树叶、根、皮、茎和树干等）及对生态环境的影响。植物源农药选定的有效成分应当对相应的防治对象具有较高的生物活性。

4.5.1 田间试验

同一般新农药，见 3.3.1，但应当同时提供高纯度标样或原药、制剂的室内活性测定报告。

4.5.2 临时登记

4.5.2.1 原药临时登记

4.5.2.1.1 临时登记申请表

4.5.2.1.2 产品摘要资料

包括产地、产品化学、毒理学、环境影响、境外登记情况等资料简述。

4.5.2.1.3 产品化学资料

同一般新农药登记，见 3.2.1.3。但因特殊情况无法进行全分析检测时，应当提供由农业部委托的农药全组分分析试验单位出具的证明，并对一种以上的主要活性成分进行鉴定。

4.5.2.1.4 毒理学资料

同一般新农药登记，见 3.2.1.4。

4.5.2.1.5 环境影响资料

提供以下试验报告。根据农药的特性，可以适当减免部分试验。

A 环境行为试验

a 土壤降解试验；

b 水解试验；

c 水中光解试验。

B 环境毒理资料

a 鸟类急性经口毒性试验；

b 鱼类急性毒性试验；

c 水蚤急性毒性试验；

d 藻类急性毒性试验；

e 蜜蜂急性经口毒性试验；

f 蜜蜂急性接触毒性试验；

g 家蚕急性毒性试验。

4.5.2.1.6 标签或者所附具的说明书

提供产品标签样张，内容要求同 3.2.1.6。

4.5.2.1.7 产品安全数据单（MSDS）

4.5.2.1.8 其他资料

A 在其他国家或地区已有的毒理学、环境试验和登记情况资料或综合查询报告等；

B 其他。

4.5.2.2 制剂临时登记

同一般新农药登记，见3.3.2，但有以下主要区别：

A 应当同时提供有效成分标样或原药及制剂的室内活性测定报告（田间试验阶段已提供的，可以提供复印件）。

B 环境影响资料方面提供以下试验报告。根据农药的特性、剂型、使用范围和作用方式等特点，可以适当减免部分试验。

a 鸟类急性经口毒性试验；

b 鱼类急性毒性试验；

c 水蚤急性毒性试验；

d 藻类急性毒性试验；

e 蜜蜂急性经口毒性试验；

f 蜜蜂急性接触毒性试验；

g 家蚕急性毒性试验。

加工制剂所使用的原药对水蚤或藻类的毒性试验结果为低毒、并提供原药环境试验摘要资料的，可以不再提供对该种生物的试验资料。

产品为缓慢释放的农药剂型的，应当提供土壤降解和土壤吸附试验资料。

4.5.3 正式登记

4.5.3.1 原药正式登记

4.5.3.1.1 正式登记申请表

4.5.3.1.2 产品摘要资料

包括产地、产品化学、毒理学、环境影响、境外登记情况等资料简述。

4.5.3.1.3 产品化学资料

同临时登记规定，见4.5.2.1.3。

4.5.3.1.4 毒理学资料

同一般新农药登记，见3.2.2.4。但对已经国家主管部门批准作为食品添加剂、保健食品、药品等登记使用的，在提供有关部门批准证明和试验的文献资料并经评审能符合农药安全要求的前提下，可以不提供繁殖毒性、致畸、慢性和致癌试验等资料。

4.5.3.1.5 环境影响资料

提供以下试验报告。根据农药的特性和用途不同，可以适当减免部分试验。

　A　环境行为试验

　a　土壤降解试验；

　b　水解试验；

　c　水中光解试验。

　B　环境毒性试验

　a　鸟类急性经口毒性试验；

　b　鱼类急性毒性试验；

　c　水蚤急性毒性试验；

　d　藻类急性毒性试验；

　e　蜜蜂急性经口毒性试验；

　f　蜜蜂急性接触毒性试验；

　g　家蚕急性毒性试验。

4.5.3.1.6 标签或者所附具的说明书

　A　按照《条例》、农业部有关农药产品标签管理的规定和试验结果设计的正式登记标签样张；

　B　批准农药临时登记时加盖农药登记审批专用章的标签样张、说明书；

　C　临时登记期间在市场上流通使用的标签。

4.5.3.1.7 产品安全数据单（MSDS）

4.5.3.1.8 其他资料

　A　在其他国家或地区已有的毒理学、环境影响试验和登记情况资料或综合查询报告等；

　B　其他。

4.5.3.2 制剂正式登记

同一般新农药登记，见3.3.3。但有以下主要区别：

在环境影响资料方面应当提供以下试验报告。根据农药的特性、剂型、使用范围和作用方式等特点，可以适当减免部分试验。加工制剂所使用的原药对水蚤或藻类的毒性试验结果为低毒、并提供原药环境试验摘要资料的，可以不再提供对该种生物的试验报告。产品为缓慢释放的农药剂型的，还应当提供土壤降解和土壤吸附试验资料。

A　鸟类急性经口毒性试验；

B　鱼类急性毒性试验；

C　水蚤急性毒性试验；

D　藻类急性毒性试验；

E　蜜蜂急性经口毒性试验；

F　蜜蜂急性接触毒性试验；

G　家蚕急性毒性试验。

4.6　转基因生物

4.6.1　田间试验

4.6.1.1　田间试验申请表

4.6.1.2　摘要资料

A　遗传工程体概况

a　遗传工程体类别：植物、动物及其类别；

b　毒理学：遗传工程体对哺乳动物（大鼠）急性经口毒性、急性经皮毒性、急性吸入毒性、皮肤致敏性、农产品安全性等；

c　受体生物：中文名、拉丁文或英文名称、分类学地位、安全等级；

d　目的基因：名称、供体生物、生物学功能；

e　载体：名称、来源、标记基因、报告基因；

f　转基因方法：基因操作类型；

g　遗传工程体安全等级及审批结论。

B　药效

a　作用方式、作用谱、作用机理或作用机理预测分析；

b　试验目的、试验地点、试验面积（释放规模）、试验时间、试验单位、试验方法等。

C　境外研究、登记情况

4.6.2 临时登记

4.6.2.1 临时登记申请表

4.6.2.2 产品摘要资料

包括遗传工程体概况、毒理学、效果、残留、环境影响、境外登记情况等资料的简述。

4.6.2.3 遗传工程体概况

同田间试验,见4.6.1.2A。

4.6.2.4 毒理学

遗传工程体对哺乳动物(大鼠)急性经口毒性、急性经皮毒性、急性吸入毒性、皮肤致敏性、农产品安全性等。

4.6.2.5 药效资料

4.6.2.5.1 田间药效报告

提供在我国境内4个以上省级行政地区(具有抗除草剂的,应当为5个以上省级行政地区)、2年以上的田间药效试验报告;

局部地区种植的作物(如亚麻、甜菜、油葵、人参、橡胶树、荔枝树、龙眼树、香蕉、芒果树等)或仅限于局部地区发生的病、虫、草害,可以提供3个以上省级行政地区、2年以上的田间小区药效试验报告。

4.6.2.5.2 农药田间试验批准证书(复印件);

4.6.2.5.3 其它

A 作用方式、作用谱、作用机理或作用机理预测分析;

B 抗性研究及庇护区的设置;

C 对收获物品质的影响;

D 产品特点和使用注意事项。

4.6.2.6 残留资料

经毒理学测定表明存在毒性问题的,应当测定农产品毒性物质残留量。

4.6.2.7 环境影响资料

4.6.2.7.1 遗传工程体残体对环境的影响

包括基因漂移对生态系统的影响、基因构成、基因的稳定性等。

4.6.2.7.2 遗传工程体残体在环境中分解特性

4.6.2.7.3 遗传工程体残体对环境生物的影响

A 土壤微生物；

B 鸟；

C 蜜蜂；

D 水生生物。

4.6.2.8 标签或者所附具的说明书

提供产品标签样张，内容要求同3.3.2.8。

4.6.2.9 产品安全数据单（MSDS）

4.6.2.10 其他资料

4.6.2.10.1 在其他国家或地区已有的遗传工程体概况、毒理学、环境影响试验和登记情况资料或综合查询报告等；

4.6.2.10.2 其他。

4.6.3 正式登记

转基因生物正式登记资料规定另行规定。

4.7 天敌生物

4.7.1 田间试验

4.7.1.1 田间试验申请表

4.7.1.2 摘要资料

4.7.1.2.1 生物学特性

包括通用名称、国际通用名称，分类地位（科、属、种、品系）、鉴别特征、分布状态等。

4.7.1.2.2 防治对象、防治方法

4.7.1.2.3 生物活性及安全性资料

4.7.1.2.4 境外研究、登记情况＝o：p〉

4.7.2 临时登记

4.7.2.1 临时登记申请表

4.7.2.2 产品摘要资料

包括生物特性、效果、环境影响、境外登记情况等资料简述。

4.7.2.3 生物学特性及产品质量控制要求和检测方法

4.7.2.3.1 生物学特性

包括通用名称、国际通用名称,分类地位(科、属、种、品系)、鉴别特征、分布状态等。

4.7.2.3.2 产品质量控制项目及其指标

4.7.2.3.3 与控制项目及其指标相对应的检测方法和方法确认

4.7.2.3.4 控制项目及其指标确定的说明

对控制项目及其指标的制定依据和合理性做出必要的解释。

4.7.2.3.5 产品质量检测与测定方法验证报告

4.7.2.3.6 包装、运输和贮存注意事项、安全警示、有效期

4.7.2.4 药效资料

4.7.2.4.1 药效报告

在我国境内2个以上省级行政地区、2年以上的田间药效试验报告。内容包括防治对象、适用范围、防治效果、经济效益、存在问题、改进措施等。

4.7.2.4.2 农药田间试验批准证书

4.7.2.4.3 其它

A 生物活性及安全性资料;

B 应用风险预测及控制措施;

C 产品特点和使用注意事项。

4.7.2.5 对作物的影响

4.7.2.6 对环境的影响

4.7.2.6.1 对国家保护物种的影响

4.7.2.6.2 对有益生物的影响

4.7.2.6.3 对非靶标生物的影响

4.7.2.7 与本地种或小种杂交的可能性及影响

4.7.2.8 标签或者所附具的说明书

提供产品标签样张,内容要求同3.3.2.8。

4.7.2.9 产品安全数据单(MSDS)

4.7.2.10 其他资料

4.7.2.10.1 在其他国家或地区已有的生物学特性及产品质量控

制要求、药效、环境影响试验和登记情况资料或综合查询报告等

4.7.2.10.2　其他

4.7.3　正式登记

天敌生物的正式登记资料规定另行规定。

第五章　新制剂登记

5.1　新剂型

5.1.1　田间试验

5.1.1.1　田间试验申请表

5.1.1.2　产品化学摘要资料

5.1.1.2.1　有效成分

有效成分的通用名称、国际通用名称、化学名称、化学文摘（CAS）登录号、国际农药分析协作委员会（CIPAC）数字代号、开发号、实验式、相对分子质量、结构式、主要物化参数（如：外观、溶点、沸点、密度或堆密度、比旋光度、蒸气压、溶解度、分配系数等）。

5.1.1.2.2　制剂

剂型、有效成分含量、其他成分的具体名称及含量、主要物化参数、控制项目及其指标、类别（按用途）、有效成分分析方法等。

5.1.1.3　毒理学资料摘要

急性经口毒性、急性经皮毒性、急性吸入毒性试验及中毒急救措施等。

5.1.1.4　药效资料

5.1.1.4.1　室内活性测定试验报告（仅对涉及新防治对象的产品）

5.1.1.4.2　对当茬试验作物的室内安全性试验报告（仅对涉及新使用范围的产品）

5.1.2.4.3　混配目的说明和室内配方筛选报告（对混配制剂）

5.1.1.4.4　试验作物、防治对象、施药方法及注意事项等

5.1.1.5　其他资料

5.1.1.5.1 改变剂型的目的、意义

5.1.1.5.2 其他

5.1.2 临时登记

5.1.2.1 临时登记申请表

5.1.2.2 产品摘要资料

包括产地、产品化学、毒理学、药效、残留、环境影响、境外登记情况等资料的简述。

5.1.2.3 产品化学资料

同3.3.2.3。但有以下区别：

应当提供省级以上法定质量检测机构出具的产品质量检测和方法验证报告。质量检测报告项目应当包括3.3.2.3.7中规定的所有项目。方法验证报告应当附相关的典型色谱图原件，并对方法的可行性进行评价，加盖检测单位公章。

5.1.2.4 毒理学资料

5.1.2.4.1 急性经口毒性试验

5.1.2.4.2 急性经皮毒性试验

5.1.2.4.3 急性吸入毒性试验

5.1.2.4.4 眼睛刺激性试验

5.1.2.4.5 皮肤刺激性试验

5.1.2.4.6 皮肤致敏性试验

5.1.2.5 药效资料

5.1.2.5.1 室内活性测定试验报告（仅对涉及新防治对象的产品，田间试验阶段已提供的，可以提供复印件）

5.1.2.5.2 对当茬试验作物的室内安全性试验报告（仅对涉及新使用范围的产品，田间试验阶段已提供的，可以提供复印件）

5.1.2.5.3 混配目的说明和室内配方筛选报告（对混配制剂，田间试验阶段已提供的，可以提供复印件）

5.1.2.5.4 药效报告

杀虫剂、杀菌剂提供在我国境内4个以上省级行政地区、2年以上的田间小区药效试验报告。

除草剂、植物生长调节剂提供在我国境内5个以上省级行政地区、2年以上的田间小区药效试验报告，对长残效性除草剂，还应当提供对主要后茬作物的安全性试验报告。

局部地区种植的作物（如亚麻、甜菜、油葵、人参、橡胶树、荔枝树、龙眼树、香蕉、芒果树等）或仅限于局部地区发生的病、虫、草害，可以提供3个以上省级行政地区、2年以上的田间小区药效试验报告。

对于一些特殊药剂，如灭生性除草剂等，可以提供3个以上省级行政地区、2年以上的田间小区药效试验报告。

对在环境条件相对稳定的场所使用的农药，如仓贮用、防腐用、保鲜用的农药等，可以提供在我国境内2个以上省级行政地区、2个试验周期以上的药效试验报告。

5.1.2.5.5 农药田间试验批准证书（复印件）

5.1.2.5.6 其他

A 抗性研究，包括对靶标生物敏感性测定、抗药性监测方法和抗药性风险评估等（仅对涉及新防治对象的产品）；

B 对田间主要捕食性和寄生性天敌的影响（仅对涉及新使用范围的产品）；

C 产品特点和使用注意事项等。

5.1.2.6 残留资料

增加有效成分未登记作物或使用方法的产品，应当提供在我国境内2年以上的残留试验报告；对有效成分已登记作物和使用方法的产品，应当提供在我国境内1年以上的残留试验报告。

对应用于不同作物的农药产品，在不同自然条件或耕作制度的省级行政地区的残留试验数量和资料要求见3.3.2.6。

5.1.2.7 环境影响资料

提供下列环境试验报告。根据农药特性、剂型、使用范围和使用方式等特点，可以适当减免部分试验报告。申请人如能提供有关资料，表明产品中有效成分的原药对以上某种生物毒性试验结果为低毒、对非靶标植物影响试验结果为低风险的，可以不提供相应的试验报告。

产品为缓慢释放的农药剂型的，还应当提供土壤降解和土壤吸附试验报告。

5.1.2.7.1　鸟类急性经口毒性试验

5.1.2.7.2　鱼类急性毒性试验

5.1.2.7.3　水蚤急性毒性试验

5.1.2.7.4　藻类急性毒性试验

5.1.2.7.5　蜜蜂急性经口毒性试验

5.1.2.7.6　蜜蜂急性接触毒性试验

5.1.2.7.7　家蚕急性毒性试验

5.1.2.7.8　对非靶标植物影响试验

5.1.2.8　标签或者所附具的说明书

提供产品标签样张，内容要求同3.3.2.8。

5.1.2.9　产品安全数据单（MSDS）

5.1.2.10　其他资料

5.1.2.10.1　在其他国家或地区已有的毒理学、药效、残留、环境影响试验和登记情况资料或综合查询报告等

5.1.2.10.2　改变剂型的目的和意义

5.1.2.10.3　其他

5.1.3　正式登记

5.1.3.1　正式登记申请表

5.1.3.2　产品摘要资料

包括产地、产品化学、毒理学、药效、残留、环境影响、境外登记情况等资料的简述。

5.1.3.3　产品化学资料

除临时登记时所规定的产品化学资料（见5.1.2.3）外，还应当提供3批次以上常温贮存稳定性报告。

5.1.3.4　毒理学资料

5.1.3.4.1　急性经口毒性试验

5.1.3.4.2　急性经皮毒性试验

5.1.3.4.3　急性吸入毒性试验

5.1.3.4.4　眼睛刺激性试验

5.1.3.4.5　皮肤刺激性试验

5.1.3.4.6　皮肤致敏性试验

5.1.3.5　药效资料

临时登记期间产品的使用情况综合报告，内容包括：产品使用面积、主要应用地区、使用技术、使用效果、抗性发展、作物安全性及对非靶标生物的影响等方面的综合评价。

5.1.3.6　残留资料

具体要求同3.3.3.6。

5.1.3.7　环境毒性资料

提供下列环境试验报告。根据农药特性、剂型、使用范围和使用方式等特点，可以适当减免部分试验报告。申请人如能提供有关资料，表明产品中有效成分的原药对某种生物毒性试验结果为低毒、对非靶标植物影响试验结果为低风险的，可以不提供相应的试验报告。产品为缓慢释放的农药剂型的，还应当提供土壤降解和土壤吸附试验报告。

5.1.3.7.1　鸟类急性经口毒性试验

5.1.3.7.2　鱼类急性毒性试验

5.1.3.7.3　水蚤急性毒性试验

5.1.3.7.4　藻类急性毒性试验

5.1.3.7.5　蜜蜂急性经口毒性试验

5.1.3.7.6　蜜蜂急性接触毒性试验

5.1.3.7.7　天敌赤眼蜂急性毒性试验

5.1.3.7.8　家蚕急性毒性试验

5.1.3.7.9　蚯蚓急性毒性试验

5.1.3.7.10　对非靶标植物影响试验

5.1.3.8　标签或者所附具的说明书

5.1.3.8.1　按照《条例》、农业部有关农药产品标签管理的规定和试验结果设计的正式登记标签样张

5.1.3.8.2　批准农药临时登记时加盖农药登记审批专用章的标签样张、说明书

5.1.3.8.3 临时登记期间在市场上流通使用的标签

5.1.3.9 产品安全数据单（MSDS）

5.1.3.10 其他资料

5.1.3.10.1 在其他国家或地区已有的毒理学、药效、残、留、环境影响试验和登记情况资料或综合查询报告等

5.1.3.10.2 其他

5.2 农药剂型微小优化

申请人对本企业已登记的产品进行剂型优化，符合农药剂型微小优化的，可以按以下要求申请登记，但申请相对其他申请人已登记产品为农药剂型微小优化的，应当按新剂型登记资料规定提供资料。

5.2.1 田间试验

5.2.1.1 田间试验申请表

5.2.1.2 产品化学摘要资料

5.2.1.2.1 有效成分

包括有效成分的通用名称、国际通用名称、化学名称、化学文摘（CAS）登录号、国际农药分析协作委员会（CIPAC）数字代号、开发号、实验式、相对分子质量、结构式、主要物化参数（如：外观、溶点、沸点、密度或堆密度、比旋光度、蒸气压、溶解度、分配系数等）。

5.2.1.2.2 制剂

包括剂型、有效成分含量、其他成分的具体名称及含量、主要物化参数、质量控制项目及其指标、类别（按用途）、有效成分分析方法等。

5.2.1.3 毒理学资料摘要

包括急性经口毒性、急性经皮毒性、急性吸入毒性试验及中毒急救措施等。

5.2.1.4 药效资料

5.2.1.4.1 室内活性测定试验报告（仅对涉及新防治对象的产品）

5.2.1.4.2 对当茬试验作物的室内安全性试验报告（仅对涉及新

使用范围的产品)

5.2.1.4.3 试验作物、防治对象、施药方法及注意事项等

5.2.1.5 改变剂型的目的和意义

5.2.1.6 其他

5.2.2 临时登记

5.2.2.1 临时登记申请表

5.2.2.2 产品摘要资料

包括产地、产品化学、毒理学、药效、残留、环境影响、境外登记情况等资料的简述，并说明改变剂型的目的和意义。

5.2.2.3 产品化学资料

同 3.3.2.3。但有以下区别：

应当提供省级以上法定质量检测机构出具的产品质量检测和方法验证报告。质量检测报告项目应当包括 3.3.2.3.7 中规定的所有项目。方法验证报告应当附相关的典型色谱图原件，并对方法的可行性进行评价，加盖检测单位公章。

5.2.2.4 毒理学资料

5.2.2.4.1 急性经口毒性试验

5.2.2.4.2 急性经皮毒性试验

5.2.2.4.3 急性吸入毒性试验

5.2.2.4.4 眼睛刺激性试验

5.2.2.4.5 皮肤刺激性试验

5.2.2.4.6 皮肤致敏性试验

5.2.2.5 药效资料

含有新登记使用范围或新登记使用方法时，药效资料要求同新农药制剂（见 5.1.2.5）的登记资料规定。其他情况按以下规定提供资料：

5.2.2.5.1 药效报告

杀虫剂、杀菌剂提供在我国境内 4 个以上省级行政地区、1 年以上的田间小区药效试验报告。

除草剂、植物生长调节剂提供在我国境内 5 个以上省级行政簇区、

1年以上的田间小区药效试验报告，对长残效性除草剂，还应当提供对主要后茬作物的安全性试验报告。

对于一些特殊药剂，如灭生性除草剂等，可以提供3个以上省级行政地区、1年以上的田间小区药效试验报告。

局部地区种植的作物（如亚麻、甜菜、油葵、人参、橡胶树、荔枝树、龙眼树、香蕉、芒果树等）或仅限于局部地区发生的病、虫、草害，可以提供3个以上省级行政地区、1年以上的田间小区药效试验报告。

对在环境条件相对稳定的场所使用的农药，如仓贮用、防腐用、保鲜用的农药等，可以提供在我国境内2个以上省级行政地区、1个试验周期以上的药效试验报告。

5.2.2.5.2 农药田间试验批准证书（复印件）

5.2.2.5.3 产品特点和使用注意事项等

5.2.2.6 残留资料

增加有效成分未登记作物或使用方法的产品，应当提供在我国境内2年以上的残留试验报告；对有效成分已登记作物和使用方法的产品，应当提供在我国境内1年以上的残留试验报告。对应用于不同作物的农药产品，在不同自然条件或耕作制度的省级行政地区的残留试验数量和资料要求见3.3.2.6。

但对剂型微小优化的产品，如符合以下条件之一，在提供我国残留试验结果摘要资料或相关书面说明的情况下，临时登记时可以不提供残留试验报告：

5.2.2.6.1 本企业与剂型微小优化相对应的已登记剂型拥有残留试验资料，且申请剂型微小优化产品有效成分使用量是原剂型有效成分使用量的1.5倍以下。

5.2.2.6.2 已有拥有残留资料的申请人在我国取得相同的有效成分、剂型、使用范围和方法正式登记6年以上，且申请剂型微小优化产品有效成分使用量是其有效成分使用量1.5倍以下。

5.2.2.6.3 提供独立拥有相同有效成分、剂型、使用范围和方法产品残留资料的已登记者授权，且申请剂型微小优化产品有效成分使用量是其有效成分使用量1.5倍以下。

5.2.2.7　环境影响资料

同5.1.2.7。但本企业与剂型微小优化产品相对应的已登记剂型拥有规定的环境资料时，可以提供摘要资料。农药剂型微小优化产品增加有效成分未登记作物或使用方法，原剂型登记所提供的环境影响资料不能满足环境安全评价要求时，应当提供相应的环境影响资料。

5.2.2.8　标签或者所附具的说明书

提供产品标签样张，内容要求同3.3.2.8。

5.2.2.9　产品安全数据单（MSDS）

5.2.2.10　其他资料

5.2.2.10.1　在其他国家或地区已有的毒理学、药效、残留、环境影响试验和登记情况资料或综合查询报告等

5.2.2.10.2　其他

5.2.3　正式登记

农药剂型微小优化产品在本企业原剂型产品取得正式登记后，才能按下列资料要求申请该产品的正式登记，否则应当按农药新剂型（见5.1）或混配制剂（5.3）提供资料。

5.2.3.1　正式登记申请表

5.2.3.2　产品摘要资料

包括产地、产品化学、毒理学、药效、残留、环境影响、境外登记情况等资料的简述；

5.2.3.3　产品化学资料

除临时登记时所规定的产品化学资料（见5.2.2.3）外，还应当提供3批次以上常温贮存稳定性报告。

5.2.3.4　毒理学资料

5.2.3.4.1　急性经口毒性试验

5.2.3.4.2　急性经皮毒性试验

5.2.3.4.3　急性吸入毒性试验

5.2.3.4.4　眼睛刺激性试验

5.2.3.4.5　皮肤刺激性试验

5.2.3.4.6　皮肤致敏性试验
5.2.3.5　药效资料
临时登记期间产品的使用情况综合报告，内容包括：产品使用面积、主要应用地区、使用剂量、使用技术、使用效果、抗性发展、作物安全性及对非靶标生物的影响等方面的综合评价。

5.2.3.6　残留资料
增加有效成分未登记作物或使用方法的产品，应当提供在我国境内2年以上的残留试验报告；对有效成分已登记作物和使用方法的产品，应当提供在我国境内1年以上的残留试验报告。对应用于不同作物的农药产品，在不同自然条件或耕作制度的省级行政地区的残留试验数量和资料要求见3.3.2.6。

对剂型微小优化的产品，如符合以下条件之一，在提供我国残留试验结果摘要资料或相关书面说明的情况下，可以免除残留资料要求：

5.2.3.6.1　已有拥有残留资料的其他申请人在我国取得相同的有效成分、剂型、使用范围和方法正式登记6年以上，且申请剂型微小优化产品有效成分使用量是其有效成分使用量1.5倍以下。

5.2.3.6.2　提供独立拥有相同有效成分、剂型、使用范围和方法产品残留资料的已登记者授权，且申请剂型微小优化产品有效成分使用量是其有效成分使用量1.5倍以下。

5.2.3.7　环境影响资料
同5.1.3.7。本企业与剂型微小优化产品相对应的已登记剂型拥有规定的环境资料时，可以提供摘要资料。农药剂型微小优化产品增加有效成分未登记作物或使用方法，原剂型登记所提供的环境影响资料不能满足环境安全评价要求时，应当提供相关的环境影响资料。

5.2.3.8　标签或者所附具的说明书
5.2.3.8.1　按照《条例》、农业部有关农药产品标签管理的规定和试验结果设计的正式登记标签样张

5.2.3.8.2　批准农药临时登记时加盖农药登记审批专用章的标签样张、说明书

5.2.3.8.3　临时登记期间在市场上流通使用的标签

5.2.3.9 产品安全数据单（MSDS）
5.2.3.10 其他资料
5.2.3.10.1 在其他国家或地区已有的毒理学、药效、残留、环境影响试验和登记情况资料或综合查询报告等
5.2.3.10.2 其他
5.3 新混配制剂
5.3.1 田间试验
5.3.1.1 田间试验申请表
5.3.1.2 产品化学摘要资料
5.3.1.2.1 有效成分

包括有效成分的通用名称、国际通用名称、化学名称、化学文摘（CAS）登录号、国际农药分析协作委员会（CIPAC）数字代号、开发号、实验式、相对分子质量、结构式、主要物化参数（如：外观、溶点、沸点、密度或堆密度、比旋光度、蒸气压、溶解度、分配系数等）。

5.3.1.2.2 制剂

包括剂型、有效成分含量、其他成分的具体名称及含量、主要物化参数、质量控制项目及其指标、类别（按用途）、有效成分分析方法等。

5.3.1.3 毒理学摘要资料

急性经口毒性、急性经皮毒性、急性吸入毒性试验及中毒急救措施等。

5.3.1.4 药效资料
5.3.1.4.1 混配目的说明
5.3.1.4.2 室内配方筛选报告
5.3.1.4.3 对当茬试验作物的室内安全性试验报告（仅对涉及新使用范围的产品）
5.3.1.4.4 产品特点和使用注意事项等
5.3.1.4.5 试验作物、防治对象、施药方法及注意事项等
5.3.1.5 其它

5.3.1.5.1 与已登记的相同有效成分种类、剂型、使用范围和方法但配比不同的产品优缺点对比分析

5.3.1.5.2 其他

5.3.2 临时登记

5.3.2.1 临时登记申请表

5.3.2.2 产品摘要资料

包括产地、产品化学、毒理学、药效、残留、环境影响、境外登记情况等资料的简述。

5.3.2.3 产品化学资料

同3.3.2.3。但有以下区别：

应当提供省级以上法定质量检测机构出具的产品质量检测和方法验证报告。质量检测报告项目应当包括3.3.2.3.7中规定的所有项目。方法验证报告应当附相关的典型色谱图原件，并对方法的可行性进行评价，加盖检测单位公章。

5.3.2.4 毒理学资料

5.3.2.4.1 急性经口毒性试验

5.3.2.4.2 急性经皮毒性试验

5.3.2.4.3 急性吸入毒性试验

5.3.2.4.4 眼睛刺激性试验

5.3.2.4.5 皮肤刺激性试验

5.3.2.4.6 皮肤致敏性试验

5.3.2.5 药效资料

含有新登记使用范围或新登记使用方法时，药效资料要求同新农药制剂（见5.1.2.5）的登记资料规定。其他情况按以下规定提供资料：

5.3.2.5.1 混配目的说明（田间试验阶段已提供的，可以提供复印件）

5.3.2.5.2 室内配方筛选报告（田间试验阶段已提供的，可以提供复印件）

5.3.2.5.3 药效报告

杀虫剂、杀菌剂提供在我国境内 4 个以上省级行政地区、2 年以上的田间小区药效试验报告。

除草剂、植物生长调节剂提供在我国境内 5 个以上省级行政地区、2 年以上的田间小区药效试验报告，对产品中含长残效性除草剂有效成分的，如该有效成分使用剂量超出已登记的相同有效成分、剂型、使用范围和方法产品使用剂量，或登记新的使用范围或新使用方法时，应当提供对主要后茬作物的安全性试验报告。

局部地区种植的作物（如亚麻、甜菜、油葵、人参、橡胶树、荔枝树、龙眼树、香蕉、芒果树等）或仅限于局部地区发生的病、虫、草害，可以提供 3 个以上省级行政地区、2 年以上的田间小区药效试验报告。

对在环境条件相对稳定的场所使用的农药，如仓贮用、防腐用、保鲜用的农药等，可以提供在我国境内 2 个以上省级行政地区、2 个试验周期以上的药效试验报告。

5.3.2.5.4 农药田间试验批准证书（复印件）

5.3.2.5.5 其他

包括产品特点和使用注意事项等。

5.3.2.6 残留试验资料

增加有效成分未登记作物或使用方法的产品，应当提供在我国境内 2 年以上的残留试验报告；对有效成分已登记作物和使用方法的产品，应当提供在我国境内 1 年以上的残留试验报告。

对应用于不同作物的农药产品，在不同自然条件或耕作制度的省级行政地区的残留试验数量和资料要求见 3.3.2.6。

如产品中所含有的有效成分符合以下条件之一，在提供我国残留试验结果摘要资料或相关书面说明的情况下，可以免除相应的残留资料要求：

5.3.2.6.1 已有拥有残留资料的申请人在我国取得相同的有效成分、剂型、使用范围和方法正式登记 6 年以上，且申请混配制剂登记产品的该有效成分使用量是其有效成分使用量的 1.5 倍以下。

5.3.2.6.2 提供独立拥有相同有效成分、剂型、使用范围和方法资料的已登记者授权,且申请混配制剂登记产品的该有效成分使用量是其有效成分使用量的 1.5 倍以下。

5.3.2.7 环境影响资料

提供下列环境毒性报告。根据农药特性、剂型、使用范围和使用方式等特点,可以适当减免部分试验。申请人如能提供有关资料,表明产品中有效成分的原药对水蚤或藻类的毒性试验结果为低毒、对非靶标植物影响试验为低风险的,可以不再提供对该种生物的试验报告。

5.3.2.7.1 鸟类急性经口毒性试验

5.3.2.7.2 鱼类急性毒性试验

5.3.2.7.3 水蚤急性毒性试验

5.3.2.7.4 藻类急性毒性试验

5.3.2.7.5 蜜蜂急性经口毒性试验

5.3.2.7.6 蜜蜂急性接触毒性试验

5.3.2.7.7 家蚕急性毒性试验

5.3.2.7.8 对非靶标植物影响试验

5.3.2.8 标签或者所附具的说明书

提供产品标签样张,内容要求同 3.3.2.8。

5.3.2.9 产品安全数据单(MSDS)

5.3.2.10 其他资料

5.3.2.10.1 在其他国家或地区已有的毒理学、药效、残留、环境影响试验和登记情况资料或综合查询报告等

5.3.2.10.2 与已登记的相同有效成分种类、剂型、使用范围和方法但配比不同的产品优缺点对比分析

5.3.2.10.3 其他

5.3.3 正式登记

5.3.3.1 正式登记申请表

5.3.3.2 产品摘要资料

包括产地、产品化学、毒理学、药效、残留、环境影响、境外登记情况等资料的简述。

5.3.3.3 产品化学资料

除临时登记时所规定的产品化学资料（见 5.3.2.3）外，还应当提供 3 批次以上常温贮存稳定性报告。

5.3.3.4　毒理学资料

5.3.3.4.1　急性经口毒性试验

5.3.3.4.2　急性经皮毒性试验

5.3.3.4.3　急性吸入毒性试验

5.3.3.4.4　眼睛刺激性试验

5.3.3.4.5　皮肤刺激性试验

5.3.3.4.6　皮肤致敏性试验

5.3.3.5　药效资料

提供临时登记期间产品的使用情况综合报告，内容包括：产品使用面积、主要应用地区、使用技术、使用效果、抗性发展、作物安全性及对非靶标生物的影响等方面的综合评价。

5.3.3.6　残留试验资料

应当提供在我国境内自然条件或耕作制度不同的省级行政地区 2 年以上的残留试验报告。

对应用于不同作物的农药产品，在不同自然条件或耕作制度的省级行政地区的残留试验数量和资料要求见 3.3.2.6。

如产品中所含有的有效成分符合以下条件之一，在提供我国残留试验结果摘要资料或相关书面说明的情况下，可以免除相应的残留资料要求：

5.3.3.6.1　已有拥有残留资料的申请人在我国取得相同的有效成分、剂型、使用范围和方法正式登记 6 年以上，且申请混配制剂登记产品的该有效成分使用量是其有效成分使用量的 1.5 倍以下。

5.3.3.6.2　提供独立拥有相同有效成分、剂型、使用范围和方法资料的已登记者授权，且申请混配制剂登记产品的该有效成分使用量是其有效成分使用量的 1.5 倍以下。

5.3.3.7　环境影响资料

提供下列环境试验报告。根据农药特性、剂型、使用范围和使用方式等特点，可以适当减免部分试验。申请人如能提供有关资料，表明产品中有效成分的原药对水蚤、藻类、天敌赤眼蜂或蚯蚓等某种环境生物的毒性试验结果为低毒、对非靶标植物影响试验结果为低风险，可以不再提供对该种生物的试验报告。对环境有特殊风险的农药，还应当提供对环境影响的补充资料。

5.3.3.7.1 鸟类急性经口毒性试验

5.3.3.7.2 鱼类急性毒性试验

5.3.3.7.3 水蚤急性毒性试验

5.3.3.7.4 藻类急性毒性试验

5.3.3.7.5 蜜蜂急性经口毒性试验

5.3.3.7.6 蜜蜂急性接触毒性试验

5.3.3.7.7 天敌赤眼蜂急性毒性试验

5.3.3.7.8 家蚕急性毒性试验

5.3.3.7.9 蚯蚓急性毒性试验

5.3.3.7.10 对非靶标植物影响试验

5.3.3.8 标签或者所附具的说明书

5.3.3.8.1 按照《条例》、农业部有关农药产品标签管理的规定和试验结果设计的正式登记标签样张

5.3.3.8.2 批准农药临时登记时加盖农药登记审批专用章的标签样张、说明书

5.3.3.8.3 临时登记期间在市场上流通使用的标签

5.3.3.9 产品安全数据单（MSDS）

5.3.3.10 其他资料

5.3.3.10.1 在其他国家或地区已有的毒理学、药效、残留、环境影响试验和登记情况资料或综合查询报告等

5.3.3.10.2 其他

5.4 新含量制剂

5.4.1 一般要求

5.4.1.1 改变含量应当符合有利于提高产品质量、保护环境、降低使用成本等原则。

5.4.1.2 申请人申请相对本企业已登记的产品为新含量的，所改

变有效成分含量产品（混配制剂为等比例改变有效成分含量）可以按 5.4.2—5.4.4 资料要求申请登记。

5.4.1.3 申请相对其他申请人已登记产品为新含量的，应当按新剂型（见 5.1）或新混配制剂（见 5.3）登记资料规定提供资料。但符合以下条件之一的，在提供我国残留试验结果摘要资料或相关书面说明的情况下，可以不提供相应残留资料。

5.4.1.3.1 已有拥有残留资料的申请人在我国取得相同的有效成分、剂型、使用范围和方法正式登记 6 年以上，且申请新含量制剂登记产品的该有效成分使用量是其有效成分使用量 1.5 倍以下的。

5.4.1.3.2 提供独立拥有相同有效成分、剂型、使用范围和方法产品残留资料的已登记者授权，且申请新含量制剂登记产品的该有效成分使用量是其有效成分使用量 1.5 倍以下的。

5.4.1.4 对按新含量登记资料规定取得临时登记的产品，在本企业其他相同有效成分种类、剂型产品未取得正式登记之前，应当按新剂型（见 5.1）或新混配制剂（见 5.3）登记资料规定申请正式登记。

5.4.2 田间试验

5.4.2.1 田间试验申请表

5.4.2.2 产品化学摘要资料

5.4.2.2.1 有效成分

包括有效成分的通用名称、国际通用名称、化学名称、化学文摘（CAS）登录号、国际农药分析协作委员会（CIPAC）数字代号、开发号、实验式、相对分子质量、结构式、主要物化参数（如：外观、溶点、沸点、密度或堆密度、比旋光度、蒸气压、溶解度、分配系数等）。

5.4.2.2.2 制剂

剂型、有效成分含量、其他成分的具体名称及含量、主要物化参数、控制项目及其指标、类别（按用途）、有效成分分析方法等。

5.4.2.3 毒理学摘要资料

包括急性经口、经皮、吸入毒性试验等。

5.4.2.4 药效资料

5.4.2.4.1 室内活性测定试验报告（仅对涉及新防治对象的产品）

5.4.2.4.2 对当茬试验作物的室内安全性试验报告（仅对涉及新使用范围的产品）

5.4.2.4.3 试验作物、防治对象、施药方法及注意事项等

5.4.2.5 其它

5.4.2.5.1 改变含量的目的和意义资料。

5.4.2.5.2 其他

5.4.3 临时登记

5.4.3.1 临时登记申请表

5.4.3.2 产品摘要资料

包括产地、产品化学、毒理学、药效、残留、环境影响等资料的简述，并书面说明改变含量的目的意义。

5.4.3.3 产品化学资料

同3.3.2.3。但有以下区别：

应当提供省级以上法定质量检测机构出具的产品质量检测和方法验证报告。质量检测报告项目应当包括3.3.2.3.7中规定的所有项目。方法验证报告应当附相关的典型色谱图原件，并对方法的可行性进行评价，加盖检测单位公章。

5.4.3.4 毒理学资料

应当提供以下毒理学试验报告，但申请低含量同剂型制剂产品登记时，在农药助剂种类不发生变化的情况下，申请人提供了原已登记相同有效成分和剂型产品毒理学摘要资料后，可以不再进行毒性试验。

5.4.3.4.1 急性经口毒性试验

5.4.3.4.2 急性经皮毒性试验

5.4.3.4.3 急性吸入毒性试验

5.4.3.4.4 眼睛刺激性试验

5.4.3.4.5 皮肤刺激性试验

5.4.3.4.6 皮肤致敏性试验

5.4.3.5 药效资料

含有新登记使用范围或新登记使用方法时，药效资料要求同新农药制剂（见 5.1.2.5）的登记资料规定。其他情况按以下规定提供资料：

5.4.3.5.1　药效报告

杀虫剂、杀菌剂提供在我国境内 4 个以上省级行政地区、1 年以上的田间小区药效试验报告。

除草剂、植物生长调节剂提供在我国境内 5 个以上省级行政地区、1 年以上的田间小区药效试验报告，对长残效性除草剂，还应当提供对主要后茬作物的安全性试验报告。

对于一些特殊药剂，如灭生性除草剂等，可以提供 3 个以上省级行政地区、1 年以上的田间小区药效试验报告。

局部地区种植的作物（如亚麻、甜菜、油葵、人参、橡胶树、荔枝树、龙眼树、香蕉、芒果树等）或仅限于局部地区发生的病、虫、草害，可以提供 3 个以上省级行政地区、1 年以上的田间小区药效试验报告。

对在环境条件相对稳定的场所使用的农药，如仓贮用、防腐用、保鲜用的农药等，可以提供在我国境内 1 个以上省级行政地区、2 个试验周期以上的药效试验报告。

5.4.3.5.2　农药田间试验批准证书（复印件）

5.4.3.5.3　其他

包括产品特点和使用注意事项等。

5.4.3.6　残留资料

增加有效成分未登记作物或使用方法的产品应当提供在我国境内 2 年以上的残留试验报告；对有效成分已登记作物和使用方法的产品，应当提供在我国境内 1 年以上的残留试验报告。

对应用于不同作物的农药产品，在不同自然条件或耕作制度的省级行政地区的残留试验数量和资料要求见 3.3.2.6。

对申请新含量登记产品，如符合以下条件之一的，在提供我国残留试验结果摘要资料或相关书面说明的情况下，可以免除残留资料要求：

5.4.3.6.1 已有拥有残留资料的申请人在我国取得相同的有效成分、剂型、使用范围和方法正式登记6年以上，且申请登记产品的该有效成分使用量是其有效成分使用量1.5倍以下。

5.4.3.6.2 提供独立拥有相同有效成分、剂型、使用范围和方法资料的已登记者的授权，且申请登记产品的该有效成分使用量是其有效成分使用量1.5倍以下。

5.4.3.7 环境影响资料

同5.1.2.7（对单制剂）或5.3.2.7（对混配制剂）。申请人的相同有效成分、剂型产品拥有相应环境资料时，可以提供摘要资料。农药新含量产品增加有效成分未登记作物或使用方法，原农药登记含量产品所提供的资料不能满足环境安全评价要求时，应当补充相关的环境影响资料。

5.4.3.8 标签或者所附具的说明书

提供产品标签样张，内容要求同3.3.2.8。

5.4.3.9 产品安全数据单（MSDS）

5.4.3.10 其他资料

5.4.3.10.1 在其他国家或地区已有的毒理学、药效、残留、环境影响试验和登记情况资料或综合查询报告等；

5.4.3.10.2 其他

5.4.4 正式登记

5.4.4.1 正式登记申请表

5.4.4.2 产品摘要资料

产品化学、毒理学、药效、残留、环境影响等资料的简述。

5.4.4.3 产品化学资料

除临时登记时所规定的产品化学资料（见5.4.3.3）外，还应当提供3批次以上常温贮存稳定性报告。

5.4.4.4 毒理学资料

应当提供下列各项详细的试验报告，但申请低含量同剂型制剂产品登记时，在农药助剂种类不发生变化的情况下，申请人提供了原已登记相同有效成分和剂型产品毒理学摘要资料后，可以不再进行毒性试验。

5.4.4.4.1 急性经口毒性试验

5.4.4.4.2 急性经皮毒性试验

5.4.4.4.3 急性吸入毒性试验

5.4.4.4.4 眼睛刺激性试验

5.4.4.4.5 皮肤刺激性试验

5.4.4.4.6 皮肤致敏性试验

5.4.4.5 药效资料

提供临时登记期间产品的使用情况综合报告，内容包括：产品使用面积、主要应用地区、使用技术、使用效果、抗性发展、作物安全性及对非靶标生物的影响等方面的综合评价。

5.4.4.6 残留资料

增加有效成分未登记作物或使用方法的产品，应当提供在我国境内2年以上的残留试验报告；对有效成分已登记作物和使用方法的产品，应当提供在我国境内1年以上的残留试验报告。

对应用于不同作物的农药产品，在不同自然条件或耕作制度的省级行政地区的残留试验数量和资料要求见3.3.2.6。

申请新含量登记产品符合以下条件之一的，在提供我国残留试验结果摘要资料或相关书面说明的情况下，可以免除残留资料要求：

5.4.4.6.1 已有拥有残留资料的申请人在我国取得相同的有效成分、剂型、使用范围和方法正式登记6年以上，且申请登记产品的该有效成分使用量是其有效成分使用量1.5倍以下。

5.4.4.6.2 提供独立拥有相同有效成分、剂型、使用范围和方法资料的已登记者的授权，且申请登记产品的该有效成分使用量是其有效成分使用量1.5倍以下。

5.4.4.7 环境影响资料

同5.1.3.7（对单制剂）或5.3.3.7（对混配制剂）。但申请人的相同有效成分、剂型产品拥有相应环境资料时，可以提供摘要资料。农药新含量产品增加有效成分未登记作物或使用方法，原农药登记含量产品所提供的资料不能满足环境安全评价要求时，应当补充相关的环境影响资料。

5.4.4.8 标签或者所附具的说明书

5.4.4.8.1 按照《条例》、农业部有关农药产品标签管理的规定和试验结果设计的正式登记标签样张

5.4.4.8.2 批准农药临时登记时加盖农药登记审批专用章的标签样张、说明书

5.4.4.8.3 临时登记期间在市场上流通使用的标签

5.4.4.9 产品安全数据单（MSDS）

5.4.4.10 其他资料

5.4.4.10.1 在其他国家或地区已有的毒理学、药效、残留、环境影响试验和登记情况资料或综合查询报告等

5.4.4.10.2 其他

5.5 新药肥混配制剂

参照新混配制剂的要求办理（见5.3），但有以下区别：

——产品化学资料中应包括肥料组分控制项目及其指标及测定方法、农药与肥料相混稳定性等内容；

——药效资料中应当同时提供农药的药效资料和肥料的肥效试验结果、作物增产结果等内容；

——环境影响资料要求同新剂型（见5.1）；

——标签上应注明"药肥混剂"。

5.6 新渗透剂（或增效剂）与农药混配制剂

5.6.1 提供有关渗透剂、增效剂的通用名称、化学名称、结构式、基本物化性质、含量及检测方法、来源、安全性及境内外使用情况等。

5.6.2 提供有关渗透剂、增效剂的室内配方筛选报告。

5.6.3 申请人申请相对本企业已登记的产品有效成分种类、含量和剂型相同，但增加了渗透剂或增效剂的产品登记时，可以按新含量登记（见5.4）提供资料，其他情况应当按新剂型（见5.1）或新混配制剂（见5.3）登记资料规定提供资料。但符合下列条件之一的，可以减免残留试验资料：

5.6.3.1 已有拥有残留资料的申请人在我国取得相同的有效成分、剂型、使用范围和方法正式登记 6 年以上，且申请登记产品的该有效成分使用量是其有效成分使用量 1.5 倍以下。

5.6.3.2 提供独立拥有相同有效成分、剂型、使用范围和方法资料的已登记者的授权，且申请登记产品的该有效成分使用量是其有效成分使用量 1.5 倍以下。

5.7 特殊新农药的新制剂登记

特殊农药的新剂型、剂型微小优化、混配制剂、新含量等产品登记，根据特殊新农药的登记资料规定，参照新农药与新剂型、剂型微小优化、混配制剂、新含量登记的相应原则，提供资料。

对卫生用农药，针对本企业已登记仅申请改变含量产品登记时，需要说明理由；有效成分含量增加（对混配制剂为同比例增加）时，在提供原已登记的相同有效成分、剂型产品的药效摘要资料时，可以不提供药效试验资料；有效成分含量降低（对混配制剂为同比例降低）时，在助剂种类不发生变化并提供原已登记的相同有效成分、剂型产品的毒理学摘要资料时，可以不提供毒理学试验资料。

第六章 相同农药产品登记资料规定

6.1 一般要求

6.1.1 已经正式登记的相同农药产品，其他申请人经田间试验后应当直接申请正式登记。

6.1.2 含有的有效成分已在我国境内取得登记且在登记资料保护期内的农药，应当按新农药登记资料规定提供资料。

6.1.3 同时符合下列条件的相同农药产品，可以按 6.2 或 6.3 要求，减免有关资料：

6.1.3.1 提供申请人指定对应的相同农药产品企业名称、产品名称、登记证号及对比判定结论，经农药登记机构认定符合质量无明显差异的相同原药（或质量无明显差异的相同制剂）的要求。

6.1.3.2 申请人指定对应的相同农药产品已在我国取得正式登记 6 年以上，或在正式登记 6 年内，但该产品登记证持有者独立拥有齐全资料并同意授权使用。

6.1.4 相同农药产品增加新登记使用范围或新登记使用方法,应当同时符合新剂型产品中药效、残留和环境影响等相应的登记资料规定。

6.1.5 除 6.1.2、6.1.3 和 6.1.4 规定情况之外的相同农药产品,应当按以下规定提供资料:

6.1.5.1 原药按相对应的一般新农药或特殊新农药原药登记资料规定提供资料。已过新农药保护期的原药产品,申请人可以提供有效成分物化性质和环境行为特征资料相关参数的综合查询报告代替其试验资料。

6.1.5.2 单制剂按新含量制剂登记资料规定(见 5.4)提供资料。

6.1.5.3 混配制剂按新混配制剂登记资料规定(见 5.3)提供资料。

6.2 质量无明显差异的相同原药正式登记

6.2.1 正式登记申请表

6.2.2 产品摘要资料

包括产地、产品化学、毒理学、环境影响等资料的简述。

6.2.3 质量无明显差异的相同原药认定证明(包括与申请产品为质量无明显差异的相同原药的产品名称、企业名称、农药登记证号及对比判定结论)、申请人用于佐证的相关材料。

6.2.4 产品化学资料

同 3.2.1.3。但有以下区别:

——申请人可以通过提供有效成分物化性质相关参数的文献综述代替有效成分、原药的物化性质参数的测定方法及其结果;

——提供省级以上法定质量检测机构出具的产品质量检测和方法验证报告。质量检测报告项目应当包括 3.2.1.3.4 中规定的所有项目。方法验证报告应当附相关的典型色谱图原件,并对方法的可行性进行评价,加盖检测单位公章。

6.2.5 毒理学资料

如所认定的相同农药产品有完整的毒理学资料，在提供相应的摘要资料或文献综述情况下，应当提供以下资料。如所认定的相同农药产品没有完整的毒理学资料，应当按新农药登记资料规定提供相应的资料（见3.2.2.4），或在按以下规定提供资料的基础上，补充所认定的相同农药产品所缺少的相应资料。

6.2.5.1　急性经口毒性试验

6.2.5.2　急性经皮毒性试验

6.2.5.3　急性吸入毒性试验

6.2.6　环境影响资料

如所认定的相同农药产品有完整的环境影响资料，可以提供相应的摘要资料或文献综述资料。如所认定的相同农药产品没有完整的环境影响资料，应当按新农药登记资料规定（见3.2.2.5）提供环境影响资料，或补充所认定的相同农药产品所缺少的相应资料。

6.2.7　标签或者所附具的说明书

提供产品标签样张，内容要求同3.3.2.8。

6.2.7　产品安全数据单（MSDS）

6.2.8　其他

6.3　质量无明显差异的相同制剂登记

6.3.1　田间试验

6.3.1.1　田间试验申请表

6.3.1.2　产品化学摘要资料

6.3.1.2.1　有效成分

包括有效成分的通用名称、国际通用名称、化学名称、化学文摘（CAS）登录号、国际农药分析协作委员会（CIPAC）数字代号、开发号、实验式、相对分子质量、结构式、主要物化参数（如：外观、溶点、沸点、密度或堆密度、比旋光度、蒸气压、溶解度、分配系数等）。

6.3.1.2.2　制剂

包括剂型、有效成分含量、其他成分的具体名称及含量、主要物化参数、质量控制项目及其指标、类别（按用途）、有效成分分析方法等。

6.3.1.3 产品毒性摘要资料

包括急性经口、经皮、吸入毒性试验等。

6.3.1.4 试验作物、防治对象、施药方法及注意事项等

6.3.1.5 质量无明显差异的相同制剂认定证明

包括与申请产品为质量无明显差异的相同制剂的产品名称、企业名称、农药登记证号及对比判定结论、申请人用于佐证的相关材料等。

6.3.1.6 其他

6.3.2 正式登记

6.3.2.1 正式登记申请表

6.3.2.2 产品摘要资料

包括产地、产品化学、毒理学、药效、残留、环境影响等资料的简述。

6.3.2.3 质量无明显差异的相同制剂认定证明

包括与申请产品为质量无明显差异的相同制剂的产品名称、企业名称、农药登记证号及对比判定结论、申请人用于佐证的相关材料。

6.3.2.4 产品化学资料

同3.3.2.3。但有以下区别：

——提供省级以上法定质量检测机构出具的产品质量检测和方法验证报告。质量检测报告项目应当包括3.3.2.3.7中规定的所有项目。方法验证报告应当附相关的典型色谱图原件，并对方法的可行性进行评价，加盖检测单位公章。

——增加产品在30℃贮存18周的稳定性试验报告。

6.3.2.5 毒理学资料

6.3.2.5.1 急性经口毒性试验

6.3.2.5.2 急性经皮毒性试验

6.3.2.5.3 急性吸入毒性试验

6.3.2.6 药效资料

6.3.2.6.1 药效报告

杀虫剂、杀菌剂提供在我国境内4个以上省级行政地区、1年以

上的田间小区药效试验报告。

除草剂、植物生长调节剂提供在我国境内 5 个以上省级行政地区、1 年以上的田间小区药效试验报告。

对于一些特殊药剂，如灭生性除草剂等，可以提供 3 个以上省级行政地区、1 年以上的田间小区药效试验报告。

局部地区种植的作物（如亚麻、甜菜、油葵、人参、橡胶树、荔枝树、龙眼树、香蕉、芒果树等）或仅限于局部地区发生的病、虫、草害，可以提供 3 个以上省级行政地区、1 年以上的田间小区药效试验报告。

对在环境条件相对稳定的场所使用的农药，如仓贮用、防腐用、保鲜用的农药等，可以提供在我国境内 2 个以上省级行政地区、1 个试验周期以上的药效试验报告。

6.3.2.6.2 农药田间试验批准证书（复印件）

6.3.2.6.3 其他

包括产品特点和使用注意事项等。

6.3.2.7 残留资料

在相同的使用范围和方法上，根据以下不同情况区别对待：

6.3.2.7.1 如所认定的已登记的相同农药产品在我国已完成了残留试验且申请登记产品的使用剂量是原使用剂量 1.5 倍以下，在提供我国残留试验结果摘要资料或相关书面说明的情况下，可以不提供残留试验资料。

6.3.2.7.2 如所认定的已登记的相同农药产品在我国已完成了残留试验，但申请登记产品的使用剂量是原使用剂量的 1.5 倍以上的，提供在我国境内的 1 年以上的残留试验报告。

6.3.2.7.3 如所认定的已登记的相同农药产品在我国尚未完成残留试验的，提供在我国境内 2 年以上的残留试验报告。

对应用于不同作物的农药产品，在不同自然条件或耕作制度的省级行政地区的残留试验数量和资料要求见 3.3.2.6。

6.3.2.8 环境影响资料

如所认定的相同农药产品已提供了相应的环境影响资料，在提供环境试验摘要资料或文献综述的情况下,申请相同农药产品登记者可以不提供环境影响资料。如所认定的相同农药产品未提供相应的环境影响资料,应当按 5.1.3.7 的规定提供环境影响资料,或补充所认定的相同农药产品缺少的相应资料。

6.3.2.9 标签或者所附具的说明书

提供产品标签样张,内容要求同 3.3.2.8。

6.3.2.10 产品安全数据单（MSDS）

6.3.2.11 其他资料

6.4 特殊农药的相同农药产品登记

特殊农药的相同农药产品登记,根据特殊新农药登记资料规定,参照新农药、新制剂与相同农药产品登记的相应原则,提供资料。

第七章 扩大使用范围、改变使用方法和变更使用剂量登记资料规定

7.1 扩大使用范围

扩大使用范围包括扩大使用作物和防治对象。已取得正式登记的产品申请扩大使用范围,应当按正式登记资料规定申请扩大使用范围登记。

7.1.1 田间试验

7.1.1.1 田间试验申请表

7.1.1.2 室内活性测定试验报告（仅对涉及有效成分新防治对象的产品）

7.1.1.3 对当茬试验作物的室内安全性试验报告（仅对涉及新使用范围的产品）

7.1.1.4 境外在该作物和防治对象的登记使用情况

7.1.1.5 其他与该农药品种和使用范围有关的资料,包括对人、畜、环境影响情况。

7.1.2 临时登记

7.1.2.1 临时登记申请表

7.1.2.2 产品摘要资料

提供药效、残留、环境影响、境外登记情况等资料的简述。

7.1.2.3　药效资料

同 5.1.2.5。

7.1.2.4　残留资料

同申请登记产品所属农药登记种类的临时登记残留资料要求。

7.1.2.5　环境影响资料

增加登记使用范围或登记使用方法，原农药登记产品所提供的资料不能满足环境安全评价要求时，应当补充相关的环境影响试验资料。

7.1.2.6　标签或者所附具的说明书

提供产品标签样张，内容要求同 3.3.2.8。

7.1.2.7　其他资料

7.1.3　正式登记

7.1.3.1　正式登记申请表

7.1.3.2　产品摘要资料

包括药效、残留、环境影响、境外登记情况等资料的简述。

7.1.3.3　药效资料

提供临时登记期间产品的使用情况综合报告，内容包括：产品使用面积、主要应用地区、使用技术、使用效果、抗性发展、作物安全性及对非靶标生物的影响等方面的综合评价。

不经过临时登记阶段的扩大使用范围产品，按新剂型产品的要求提供资料（见 5.1.2.5）；相同农药产品的相同使用范围，在首家取得正式登记 6 年后，按 6.3.2.6 的要求提供资料。

7.1.3.4　残留资料

同申请登记产品所属的农药登记种类的正式登记残留资料要求。

7.1.3.5　环境影响资料

增加登记使用范围或登记使用方法，原农药登记产品所提供的资料不能满足环境安全评价要求时，应当补充相关的环境试验资料。

7.1.3.6　标签或者所附具的说明书

7.1.3.6.1　按照《条例》、农业部有关农药产品标签管理的规定和试验结果设计的正式登记标签样张

7.1.3.6.2 批准农药临时登记时加盖农药登记审批专用章的标签样张、说明书

7.1.3.6.3 临时登记期间在市场上流通使用的标签

7.1.3.7 其他资料

7.2 改变使用方法

已取得正式登记的产品申请改变使用方法，应当按正式登记资料规定申请扩大改变使用方法登记。

7.2.1 田间试验

7.2.1.1 田间试验申请表

7.2.1.2 其他资料

改变使用方法的目的、意义及新使用方法对人、畜、环境安全性的影响情况等。

7.2.2 临时登记

7.2.2.1 临时登记申请表

7.2.2.2 产品摘要资料

包括药效、残留、环境影响、境外登记情况等资料的简述，并说明改变使用方法的目的和意义。

7.2.2.3 药效资料

同 5.1.2.5。

7.2.2.4 残留资料

同申请登记产品所属的农药登记种类的临时登记残留资料要求。

7.2.2.5 环境影响资料

因改变使用方法，导致原农药登记产品所提供的资料不能满足环境安全评价要求时，应当补充相关的环境影响资料。

7.2.2.6 标签或者所附具的说明书

提供产品标签样张，内容要求同 3.3.2.8。

7.2.2.7 其他资料

7.2.3 正式登记

7.2.3.1 正式登记申请表

7.2.3.2 产品摘要资料

包括药效、残留、环境影响、境外登记情况等资料的简述。

7.2.3.3 药效资料

提供临时登记期间产品的使用情况综合报告，内容包括：产品使用面积、主要应用地区、使用技术、使用效果、抗性发展、作物安全性及对非靶标生物的影响等方面的综合评价。

不经过临时登记阶段的改变使用方法产品，按新剂型产品要求提供资料（见5.1.2.5）；相同农药产品的相同使用范围和方法，在首家取得正式登记6年后，按6.3.2.6的要求提供资料。

7.2.3.4 残留资料

同申请登记产品所属的农药登记种类的正式登记残留资料要求。

7.2.3.5 环境影响资料

因使用方法改变，导致原农药登记产品所提供的资料不能满足环境安全评价要求时，应当补充相关环境试验资料。

7.2.3.6 标签或者所附具的说明书

7.2.3.6.1 按照《条例》、农业部有关农药产品标签管理的规定和试验结果设计的正式登记标签样张

7.2.3.6.2 批准农药临时登记时加盖农药登记审批专用章的标签样张、说明书

7.2.3.6.3 临时登记期间在市场上流通使用的标签

7.2.3.7 其他资料

7.3 变更使用剂量

对已取得正式登记的产品，在登记有效期内如欲变更其使用剂量，可以按以下要求申请登记：

7.3.1 田间试验

7.3.1.1 田间试验申请表

7.3.1.2 使用剂量变更原因及相关研究报告

7.3.1.3 其他

7.3.2 正式登记

7.3.2.1 正式登记申请表

7.3.2.2 产品摘要资料

包括产品药效、残留等资料的简述。

7.3.2.3　药效资料

7.3.2.3.1　药效报告

杀虫剂、杀菌剂提供在我国境内 4 个以上省级行政地区、1 年以上的田间小区药效试验报告。

除草剂、植物生长调节剂提供在我国境内 5 个以上省级行政地区、1 年以上的田间小区药效试验报告；对产品中含有长残效性除草剂的，如使用剂量超过了原已登记的使用剂量时，还应当提供对主要后茬作物的安全性试验报告。

对于一些特殊药剂，如灭生性除草剂等，可以提供 3 个以上省级行政地区、1 年以上的田间小区药效试验报告。

局部地区种植的作物（如亚麻、甜菜、油葵、人参、橡胶树、荔枝树、龙眼树、香蕉、芒果树等）或仅限于局部地区发生的病、虫、草害，可以提供 3 个以上省级行政地区、1 年以上的田间小区药效试验报告。

对在环境条件相对稳定的场所使用的农药，如仓贮用、防腐用、保鲜用的农药等，可以提供在我国境内 2 个以上省级行政地区、1 个试验周期以上的药效试验报告。

7.3.2.3.2　农药田间试验批准证书（复印件）

7.3.2.4　残留资料

使用剂量是原使用剂量 1.5 倍以上的，应当提供在我国境内 1 年以上的残留试验报告。

对应用于不同作物的农药产品，在不同自然条件或耕作制度的省级行政地区的残留试验数量和资料要求见 3.3.2.6。

7.3.2.5　标签或者所附具的说明书

7.3.2.5.1　按照《条例》、农业部有关农药产品标签管理的规定和试验结果设计的正式登记标签样张

7.3.2.5.2　批准农药临时登记时加盖农药登记审批专用章的标签样张、说明书

7.3.2.5.3　登记期间在市场上流通使用的标签

7.3.3.6　其他

7.4　特殊农药的扩大使用范围、改变方法和变更使用剂量

特殊农药的扩大使用范围、改变方法和变更使用剂量，根据特殊新农药的登记资料规定，参照新农药、新制剂、相同农药产品登记与其扩大使用范围、改变使用方法和变更使用剂量登记资料规定的相应原则，提供资料。

第八章　分装登记资料规定

8.1　分装登记申请表

8.2　有效期内的分装授权书或协议书原件

8.3　分装委托企业对分装产品质量保证和承担相应法律责任的承诺书

8.4　分装委托企业的产品毒理学、药效、残留和环境影响的摘要资料及其完整产品化学资料

8.5　分装委托企业的产品 MSDS 资料

8.6　分装委托企业农药登记证或临时登记证复印件

8.7　原包装产品在市场上流通使用的标签和分装产品的标签样张

8.8　分装企业简介及拥有分装资质的营业执照（复印件）

8.9　分装企业所在辖区的省级农药检定机构的初审意见

第九章　续展登记资料规定

申请产品续展登记应当提供下列资料：

9.1　续展登记申请表

9.2　加盖申请人公章的农药登记证或农药临时登记证（复印件）

9.3　最新备案的产品标准

9.4　对正式登记的产品，申请者应按照现行的《农药登记资料规定》，在原所提交资料的基础上，补充所缺少项目的试验资料或综合报告。

9.5　对分装登记的产品，申请者应提供分装协议书或授权书原件、省级以上法定质量检测机构出具的产品质量检测报告。

9.6 标签样张（复印件）

9.7 市场上流通使用的标签或者所附具的说明书

第十章 母药登记

10.1 因物质特性、技术和安全等原因不能申请原药登记的，可以申请母药登记，其资料要求同原药。

10.2 原药已登记，因技术和安全等特殊原因需要申请母药登记的，登记资料规定与相应的制剂登记资料规定相同，但不需要提供药效、残留和环境方面的资料。

第十一章 其他与农药登记相关事项的资料要求

11.1 变更企业名称

11.1.1 原企业更名申请

如原企业注销的，拟更名的新企业可以提出申请，但应当同时提供原企业被注销证明、原企业与新企业相互关系的相关证明。

11.1.2 更名原因的详细说明

11.1.3 新企业的工商营业执照（复印件）

11.1.4 原企业所在省级农药检定机构出具的证明（境外申请人可以不提供）

11.1.5 原企业所有农药登记证或农药临时登记证（原件）

11.1.6 其他

11.2 补证

农药登记证或农药临时登记证遗失后，其持有者应在登记有效期内向农业部农药检定所书面申请，说明遗失的原因，提供相关证明材料，经其所在地省级农业行政主管部门所属的农药检定机构证明（境外申请人可以不提供）后方可申请办理补证手续。

11.3 登记资料数量要求

登记资料应当提供2份，并且内容应当完全一致。一份应当是原件；一份可为复印件（但拥有6份申请表和产品摘要资料）。复印件资料的产品化学、毒理学、药效、残留、环境影响、包装和标签等资料应当分别与申请表、产品摘要资料分册装订。

11.4 登记资料装订要求

11.4.1 建议中文使用仿宋 4 号字，英文使用 11 号字。外文资料应与其中文文本同册装订。

11.4.2 登记资料（含补充资料）应编排目录和页码，如使用代号应简单明了，容易查找，资料编排顺序如下：

11.4.2.1 封面

11.4.2.2 目录

11.4.2.3 资料真实性和不侵犯他人知识产权的声明

11.4.2.4 省级农药检定机构的初审意见（境外申请人可以不提供）

11.4.2.5 申请表（按农业部农药检定所设计的相应申请表填写）

11.4.2.6 产品摘要资料

11.4.2.7 产品化学资料

11.4.2.8 毒理学资料

11.4.2.9 药效资料

11.4.2.10 残留资料

11.4.2.11 环境影响资料

11.4.2.12 相同农药产品证明材料（对相同农药产品）

11.4.2.13 技术鉴定资料和有关证明材料（必要时）

11.4.2.14 标签或者所附具的说明书

11.4.2.15 制剂所用的原药来源和登记情况证明（对制剂产品，由提供原药的单位出具，其格式见有关文件）

11.4.2.16 其他

包括企业简介、工商营业执照、产品专利、商标说明等。

11.4.3 登记资料一律使用 70 克以上的白色 A4 纸，除签名外，所有内容均应打印。

11.4.4 登记资料应当按上述顺序牢固装订，如资料过多，可以分册装订。

第十二章　附　则

12.1　本规定自 2008 年 1 月 8 日起施行。2001 年 4 月 12 日农业部《关于发布〈农药登记资料要求〉的通知》（农农发〔2001〕8 号）自 2009 年 1 月 1 日废止。

12.2　本规定施行之前已批准田间试验或临时登记的产品，在 2009 年 1 月 1 日之前申请临时登记或正式登记的，申请者可以按《关于发布〈农药登记资料要求〉的通知》（农农发〔2001〕8 号）的规定申请，但相同农药在首家取得正式登记后，仅能申请正式登记。

12.3　在 2009 年 1 月 1 日前申请正式登记续展的，申请者可以按《关于发布〈农药登记资料要求〉的通知》（农农发〔2001〕8 号）的规定申请。从 2009 年 1 月 1 日起，所有正式登记续展应当按照本规定办理。

农药产品有效成分含量的管理规定

中华人民共和国农业部
国家发展和改革委员会公告
第 946 号

为进一步规范农药市场秩序，保护环境和维护农药消费者权益，促进农药行业发展，现就农药产品有效成分含量的管理作如下规定：

一、农药产品有效成分含量（混配制剂总含量）的设定应当符合提高产品质量、保护环境、降低使用成本、方便使用的原则。

二、农药产品有效成分含量设定应当为整数，常量喷施的农药产品的稀释倍数应当在 500—5000 倍范围内。

三、国家标准或行业标准已对有效成分含量范围作出具体规定的，农药产品有效成分含量应当符合相应标准的要求。

四、尚未制定国家标准和行业标准，或现有国家标准或行业标准对有效成分含量范围未作出具体规定的，农药产品有效成分含量的设定应当符合以下要求：

（一）有效成分和剂型相同的农药产品（包括相同配比的混配制剂产品），其有效成分含量设定的梯度不得超过 5 个；

（二）乳油、微乳剂、可湿性粉剂产品，其有效成分含量不得低于已批准生产或登记产品（包括相同配比的混配制剂产品）的有效成分含量；

（三）有效成分含量≥10%（或 100 克/升）的农药产品（包括相同配比的混配制剂产品），其有效成分含量的变化间隔值不得小于 5（%）或 50（克/升）；

（四）有效成分含量〈10%（或 100 克/升）的农药产品（包括相同配比的混配制剂产品），其有效成分含量的变化间隔不得小于有效成分含量的 50%。

五、含有渗透剂或增效剂的农药产品，其有效成分含量设定应当与不含渗透剂或增效剂的同类产品的有效成分含量设定要求相同。

六、不经过稀释而直接使用的农药产品，其有效成分含量的设定应当以保证产品安全、有效使用为原则。

七、特殊情况的农药产品有效成分含量设定，应当在申请生产许可和登记时提交情况说明、科学依据和有关文献等资料。

自 2008 年 1 月 12 日起，不再受理和批准不符合本规定的农药产品的田间试验、农药登记和生产许可（批准）。不符合本规定的农药产品，已批准田间试验的，相关企业应当于 2009 年 1 月 1 日前办理田间试验变更手续；已批准生产或登记的，自 2009 年 1 月 1 日起，在申请生产许可（批准）延续、登记续展或正式登记时应当符合本规定。

二○○七年十二月十二日

农药产业政策

中华人民共和国工业和信息化部、环境保护部
中华人民共和国农业部、国家质量监督检验检疫总局公告
工联产业政策〔2010〕第1号

工信部、环保部、农业部、国家质检总局：

为贯彻落实《农药管理条例》和《国务院关于印发石化产业调整和振兴规划的通知》的要求，规范和引导我国农药产业健康、可持续发展，我们制定了《农药产业政策》，现予以公告。

中华人民共和国工业和信息化部
中华人民共和国环境保护部
中华人民共和国农业部
国家质量监督检验检疫总局
二〇一〇年八月二十六日

农药是重要的农业生产资料和救灾物资，对防治农业有害生物，保障农业丰收，提高农产品质量，确保粮食安全，以及控制卫生、工业等相关领域的有害生物起着不可或缺的作用。经过半个多世纪的发展，我国农药的生产能力和产量已经处于世界前列，不仅能够满足国内农业和相关领域的需求，而且成为全球重要的农药生产和出口国。

但是，在农药工业快速发展中，存在重复建设严重、产能过剩、行业结构性矛盾突出、经营秩序混乱等问题，影响了农药工业的可持续发展。

为加快农药工业产业结构调整步伐，增强农药对农业生产和粮食安全的保障能力，引导农药工业持续健康发展，依据国家相关法律法规，特制定本政策。

第一章 政策目标

第一条 确保农业生产和环境生态安全。通过政策的制定和实施，提高农药对粮食等作物生产的保障能力，确保农业生产和农产品质量安全，确保环境生态安全，促进农药行业持续健康发展。

第二条 控制总量。全面权衡国内外需求、经济效益与社会、资源、环境等关系，坚持适时、适度、有序发展的原则，遏制追求局部利益、忽视资源消耗、造成环境污染的盲目扩张和重复建设行为，严格控制农药生产总规模，将农药工业的发展模式由量的扩张转向质的提高。

第三条 优化布局。促使各地区农药工业合理定位、协调发展。大力推动产业集聚，加快农药企业向专业园区或化工聚集区集中，降低生产分散度，减少点源污染。到2015年，力争进入化工集中区的农药原药企业达到全国农药原药企业总数的50%以上，2020年达到80%以上。

第四条 加速组织结构调整。大力推进企业兼并重组，提高产业集中度；优化产业分工与协作，推动以原药企业为龙头，建立完善的产业链合作关系。促使农药工业朝着集约化、规模化、专业化、特色化的方向转变。到2015年，农药企业数量减少30%，国内排名前20位的农药企业集团的销售额达到全国总销售额的50%以上，2020年达到70%以上。

第五条 加快工艺技术和装备水平的提升。严格生产准入，加大技术改造力度，提高新技术和自动化在行业中的应用水平。到2015年制剂加工、包装全部实现自动化控制；大宗原药产品的生产70%实现生产自动化控制和装备大型化，2020年达到90%以上。

第六条 提高企业创新能力。进一步夯实创新基础，完善现有农药创新体制和机制，强化知识产权导向，推动农药创新由国家主导向企业或产学研相结合转变。到2015年，国内排名前十位的农药企业建立较完善的创新体系和与之配套的知识产权管理体系，创新研发费用达到企业销售收入的3%以上，2020年达到6%以上。

第七条 降低农药对社会和环境的风险。严格农药安全生产和环境保护，强化工艺创新和污染物治理技术的研发与应用，推进清洁生产和节能减排；加快高安全、低风险产品和应用技术的研发，逐步限制、淘汰高毒、高污染、高环境风险的农药产品和工艺技术；建立和完善农药废弃物处置体系，减轻农药废弃物对环境的影响。到2015年，污染物处理技术满足环境保护需要，"三废"排放量减少30%，副产物资源化利用率提高30%，农药废弃物处置率达到30%。到2020年，"三废"排放量减少50%，副产物资源化利用率提高50%，农药废弃物处置率达到50%。

第八条 规范市场秩序。强化市场监管，规范市场行为，提高监管效率。推进诚信建设，提高行业自律水平，维护公平竞争环境；实施名牌战略，着力培养主导品牌，提高其市场份额。到2015年，在农药市场中拥有驰名商标的农药产品的销售额达到全国农药总销售额的30%以上，2020年达到50%以上。

第九条 充分发挥市场配置资源、政府宏观调控与中介组织协调的协同作用。理顺和完善农药市场调控、法规管理和中介协调体系，创造公平竞争、充分协调和管理高效的市场环境。

第二章 产业布局

第十条 综合考虑地域、资源、环境和交通运输等因素调整农药产业布局。通过生产准入管理，确保所有农药生产企业的生产场地符合全国主体功能区规划、土地利用总体规划、区域规划和城市发展规划，并远离生态环境脆弱地区和环境敏感地区。

第十一条 新建或搬迁的原药生产企业要符合国家用地政策并进入工业集中区，新建或搬迁的制剂生产企业在兼顾市场和交通便捷的同时，鼓励进入工业集中区。

第十二条 对不符合农药产业布局要求的现有农药企业原则上不再批准新增品种和扩大生产能力，推动其逐步调整、搬迁或转产。

第十三条 严格控制产能过剩地区新增农药厂点和盲目新增产能，限制向中西部地区转移产能过剩产品的生产。引导中、西部地区发展适合本地资源条件、符合当地市场需求的产品。

第三章 组织结构

第十四条 完善相关法律法规和政策，鼓励优势企业对其控股、参股、联营、兼并、重组的企业进行生产要素重组和统一品牌经营；支持优势企业异地扩展优势产品生产能力，发展主导品牌；推动社会资源向优势企业集中，支持优势企业做大做强。

第十五条 在法律法规允许的范围内，促进知识产权、农药登记资料等无形资产合理流动和转移，推动农药行业调整、优化生产要素，实现集约化、规模化生产。

第十六条 支持农药生产企业跨地区合理利用生产要素，推动已取得相同产品的登记和生产许可的企业间委托生产。

第十七条 建立和完善原药去向备案制度，推动原药企业与制剂企业通过产品链建立长期稳定的分工、合作关系，形成战略联盟，共创品牌，净化市场。

第十八条 完善农药企业退出机制。通过严格行业准入条件和限制过剩、淘汰落后，拓宽生产要素合理流动和整合的渠道，完善相关引导政策和退出补偿机制，加快产品结构不合理、技术装备落后、管理水平差、环境污染严重的农药企业退出市场。

第四章　产品结构

第十九条　国家通过科技扶持、技术改造、经济政策引导等措施，支持高效、安全、经济、环境友好的农药新产品发展，加快高污染、高风险产品的替代和淘汰，促进品种结构不断优化。

第二十条　重点发展针对常发性、难治害虫、地下害虫、线虫、外来入侵害虫的杀虫剂和杀线虫剂，适应耕作制度、耕作技术变革的除草剂，果树和蔬菜用新型杀菌剂和病毒抑制剂，用于温室大棚、城市绿化、花卉、庭院作物的杀菌剂，种子处理剂和环保型熏蒸剂，积极发展植物生长调节剂和水果保鲜剂，鼓励发展用于小宗作物的农药、生物农药和用于非农业领域的农药新产品。

大力推动农用剂型向水基化、无尘化、控制释放等高效、安全的方向发展，支持开发、生产和推广水分散粒剂、悬浮剂、水乳剂、微胶囊剂和大粒剂（片剂）等新型剂型，以及与之配套的新型助剂，降低粉剂、乳油、可湿性粉剂的比例，严格控制有毒有害溶剂和助剂的使用。

鼓励开发节约型、环保型包装材料。

第二十一条　加强非农用市场的研究，积极开发适销对路的产品和使用技术，拓展农药应用范围，满足国民经济相关领域的需求。

第二十二条　国家适时发布鼓励、限制、淘汰的农药产品目录，并通过土地、信贷、环保等政策措施严格控制资源浪费、"三废"排放量大、污染严重的农药新增产能，禁止能耗高、技术水平低、污染物处理难的农药产品的生产转移，加快落后产品淘汰。

第五章　技术政策

第二十三条　支持和鼓励企业运用新技术和新装备，加快技术进步，提高信息化水平，实现生产连续化、控制自动化、设备大型化、管理现代化。

第二十四条 重点支持农药核心技术、关键共性技术的开发和应用,加强高效催化、高效纯化、定向合成、手性异构体深度利用、生物技术的应用,加快低溶剂化、水基化、缓释化制剂及高效、经济的"三废"治理等技术的研发与推广。

第二十五条 国家继续将农药作为高新技术产业,在基础平台建设、创新体系完善和新品种创制等方面给予扶持;支持企业建立技术中心,与研究单位、高等院校等组成产学研实体。国家组织制定《农药工业技术发展指南》,引导企业、科研单位和高等院校开展有针对性的创新工作。

第二十六条 鼓励农药企业采用投资、合资、合作、并购等方式到境外设立技术研发机构,广泛吸纳国际先进技术和优秀人才。支持企业、研究单位到海外申请专利、登记产品和注册商标。

第二十七条 完善知识产权管理机制,从科研、生产到销售、出口等环节,强化知识产权意识,提升农药企业知识产权的创造、运用和保护能力。

第二十八条 国家结合农药行业发展情况,适时更新和发布鼓励、限制和淘汰的工艺技术与装备目录,引导和规范投资,促进技术进步,提高行业整体水平。

第二十九条 在农药行业全面推行 ERP(企业资源计划,如 SAP)等信息管理体系,全面提高农药企业信息化管理水平。

第六章 生产管理

第三十条 国家对农药生产实行准入管理、对农药产品实行登记和生产许可制度,未经核准的企业不得从事农药生产,未取得登记和生产许可的产品不得生产、销售、出口和使用。农药生产和登记管理部门应及时向社会公布农药企业核准、延续核准、产品登记和生产许可信息。

第三十一条 国家对农药企业生产升级和新增生产类型以及企业搬迁视同新开办农药厂点实行准入管理。

第三十二条　建立包括农药准入许可、生产、销售、环保、出口、诚信记录、知识产权等相关内容的农药企业信息库，逐步实现工业、农业、环保、工商、质检、海关、统计、知识产权等相关部门的信息资源共享，提高管理效率。

第三十三条　农药企业要建立健全从原料购进到产品销售、出口全过程的相关数据档案，完善产品质量的可追溯制度。

第三十四条　建立和完善国家防灾减灾农药储备和预警机制，加大农药淡季储备投入，提高应对突发自然灾害的能力。完善税收和信贷政策，根据国内外市场变化和淡旺季节差异，调节农药进出口，确保农药市场供应。

第三十五条　规范并加强农药产品质量标准的制定和管理工作体系，确保农药产品标准制定科学、统一。积极推动标准的制定、修订和完善，并加大标准贯彻执行力度，确保产品质量。

第三十六条　加强统计工作，确保农药统计数据的真实、准确。农药生产企业要按照《中华人民共和国统计法》的要求，严格执行国家统计制度，认真按照统计指标含义和填报要求，准确填报统计数据。生产主管部门要协助统计部门做好农药生产统计工作。行业协会要协助统计部门加强数据审核工作。为农药法律法规、行业规划、产业政策、标准规范等制定和实施提供决策依据。

第七章　进出口管理

第三十七条　改进农药进出口管理制度。加强出口农药的生产准入、生产许可和登记审核。禁止环保不达标的企业生产和出口农药。限制或禁止列入"双高"目录的农药产品进出口。

第三十八条　强化农药外贸企业的相关资质审查，鼓励农药外贸企业和合法农药生产企业建立稳定的合作关系。严禁借证、套证等非法出口行为。

第三十九条　完善原药和制剂产品的相关税收政策，鼓励农药深加工产品出口，提高附加值和出口竞争力。制定限制高污染、高环境风险农药产品出口的相关税收政策，优化农药产品出口结构。

第四十条 加强进口农药的原产地标识、登记和产品质量等管理，确保消费者的知情权和市场公平竞争。

第四十一条 建立农药产品进出口信息平台和预警机制，加强农药国际交流和国际农药发展态势研究，积极应对国际贸易摩擦，保护企业合法权益。

第四十二条 健全相关风险基金、信用担保、投融资机制，支持有条件的农药生产企业到境外兼并重组、扩展生产能力，拓展国际市场。

第八章　市场规范

第四十三条 推动农药市场监管的有效整合，明确职责、合理分工，确保权力和责任统一，提高市场监管效率，维护公平竞争秩序。

第四十四条 建立并完善社会举报渠道和举报奖励制度，提高社会监督效率。

第四十五条 加强农药企业品牌建设和商标管理，实现由产品经营向品牌经营转变。鼓励企业实施品牌和商标发展战略，充分发挥优势农药品牌的带动和引领作用，支持企业之间开展品牌联合或整合经营，扩大优势品牌的市场份额。

第四十六条 鼓励创新营销模式和开发安全、环保的农药使用技术，强化企业对农药使用的指导，提高科学用药水平，减少农药的浪费及其对环境的污染。

第四十七条 建立和完善重大事故应急处置制度和机制。试行问题产品召回、处置制度和损失赔偿基金制度。

第九章　中介组织

第四十八条 支持相关行业协会、商会、咨询机构和产品检测、认证机构等中介组织的建设，完善组织体系和服务定位。鼓励农药企业积极加入行业协会、商会等中介组织。

第四十九条 大力发挥行业协会、商会等社会中介组织在有关农药规划、政策制定、生产和进出口、贸易争议及知识产权保护中的作用，进一步完善政府征询、购买服务、工作委托等制度，提高中介组织的参与度和影响力。

第五十条 支持行业协会、商会围绕规范市场秩序，健全各项自律性管理制度、约束机制和行业协调机制，提高行业自律水平。制订并组织实施行业职业道德准则，大力推动行业诚信建设，维护公平竞争的市场环境。

行业协会、商会等中介组织应建立和完善信息统计与发布、技术开发与交流、知识产权咨询、管理创新、人才培养、进出口协调、贸易促进、争端与摩擦协调等服务平台，提高服务水平和质量。

第五十一条 大力推动合法检测和认证机构的检测、认证结果在各部门的平等认同工作，积极维护检测、认证机构的第三方公正地位。

第十章 社会责任

第五十二条 严格执行国家和地方相关环境保护、污染治理和清洁生产、农药管理等法律法规、标准及总量控制要求，完善污染预防和治理措施，努力降低农药企业产污强度，严格控制污染物排放，定期开展清洁生产审核工作，全面改善农药生产对环境和社会的影响。

第五十三条 加快农药工业综合能耗、资源消耗、污染物排放等标准的制定，加强综合利用，提高资源利用率。

第五十四条 鼓励和支持农药企业使用可循环、环保的包装材料，强化农药企业回收处理过期、废弃农药和包装物的责任，支持有条件的企业回收处理农药废弃包装物，减少农药废弃物的污染。

第五十五条 推动"责任关怀"体系建设，建立评定标准、评价指标以及有效的监查、评估和约束机制。建立和完善环境污染责任保险制度。

第五十六条 加快农药行业诚信体系建设，开展农药企业信用评级，引导农药企业遵守商业道德、诚信经营、提高服务质量和水平。

第五十七条 农药企业应当履行社会责任，积极配合国家应对自然灾害或突发事件，服从国家在特殊时期的计划安排、调拨和征用。

第十一章 其 他

第五十八条 国家制定农药产业政策和农药工业发展规划，加强和规范行业管理，引导行业健康、有序和可持续发展。

各地农药生产主管部门，应贯彻执行国家农药产业政策和农药工业发展规划，并根据本地实际情况，制定本地区农药工业发展规划，指导本地农药工业的发展。

第五十九条 有关农药管理部门要按照《农药管理条例》和相关法律法规，各司其职，加强部门间沟通与协调，形成合力，提高管理效率。

第六十条 境外投资者在中国内地投资农药工业的，按本政策的规定执行。

第六十一条 本政策自发布之日起实施，由工业和信息化部、农业部、环境保护部、质检总局依据各自职责分工负责解释，并根据产业发展情况会同有关部门及时进行修订。

附 录

化学农药调运交接办法

(1993年1月13日商业部发布)

第一章 总 则

第一条 化学农药是防治农作物病、虫、草、鼠害,支援农业的重要商品。为了安全及时地做好农药供应工作,明确区分运输过程中供货、用货单位的经营责任,加强和改善经营管理,提高企业经济效益,特制定本办法。

第二条 凡是商业部门、供销社经营农药的单位,均执行本办法。

第二章 取货地点和方式

第三条 经营农药原则上采取用货单位取货制,即在供货单位指定的工厂、仓库、港口(码头或仓库)交货。经供需双方协商同意,也可采取送货的方式。

第四条 用货单位可采取自提或委托供货单位代办运输两种方式,不论采取哪种方式,供需双方都应遵守合同条款或协议。如违约,发生的一切责任由违约方承担。

(一)自提:用货单位自提的农药,应在提货单开出十五日内提清,逾期不提,用货单位应承担逾期保管费。

(二)代办运输:用货单位无力自提的,可去函或电报委托供货单位代办发运,以铁路运单作为交货凭证(汽车运输凭运单作交货凭证)。代办运杂费由用货单位承担。

第三章　运输计划的编制和执行

第五条　用货单位应按合同或计划规定日期提前三十天,以函电形式向供货单位提报运输计划。所提报的运输到站应是陆路及水陆有关部门受理的危险品的整车(船)或零担的营业站(铁路专用线除外)。

第六条　用货单位提报的运输计划,承运部门延期、削减或不予受理时,供货单位应及时通知用货单位重新提报或自提。供货单位可协助用货单位跨月提报运输计划或计划外申报。

第七条　用货单位提报的运输计划一经批准一般不予变更,因救灾等特殊情况必须变更时,应由用货单位所在地政府或供销社等有关部门出具证明,由调出单位负责申报变更计划。非特殊情况变更计划,应由调入单位提出申请征得调出单位同意,并由调出单位负责申请变更计划,经运输部门同意后方得变更。变更中发生的费用由用货方负担。

第八条　铁路运输计划经承运站核定发运后,供货单位应及时将日期、车号、品种、数量、件数、包装及投保情况电告用货单位做好接货准备。

第九条　为确保农药在运输过程中的安全,农药运输须按有关规定投保。如不投保,出现问题由供货单位负责。如用货单位提出不办理保险,则运输中出现问题由进货单位负责。

第十条　用货单位提出撤销或削减调运计划时,应在运输计划审批前提出。以书面形式提出申请并说明原因,经供货单位同意方可调整。如运输计划已经批准或货物已经发出时,用货单位不得拒收或拒付货款。

第四章　事故处理

第十一条　代运农药运抵第一到站(港)后,用货单位要会同铁路交通运输部门凭运单对车(船)进行验收。发生短件、破损、重量不符、雨湿、污染等异常情况,须出事故记录或铁路普通记录,按以下规则处理：

（一）如货物已投保，须速通知保险公司验货，由保险公司出据证明，按有关规定办理索赔。

（二）属于原（车）包短件、重量规格不符、商品质量问题的，由供货单位负责处理。

（三）属于铁路、水路运输部门责任或人力不可抗拒发生的损失，由用货单位直接向承运部门或当地保险公司办理索赔。

（四）属于装卸时人为造成的损失，由用货单位向造成损失的责任方索赔。

第十二条　用货单位对调入的农药应在下列期限内进行检验。

（一）无论哪种调运方式，发生农药品种、规格包装与调单或合同规定标准不符时，用货单位应在四十天内，以电文、函件等书面材料通知供货单位。

（二）供货单位在收到用货单位函件后七天内给予答复，并提出处理意见。逾期不答复的，则按调入单位意见处理。

（三）供货、用货双方对农药质量检验如有异议时，应共同取样，送据有法律效力的仲裁机构检验仲裁。在处理农药质量异议过程中所支出的费用由责任方负担。

第十三条　无论哪种调运方式，发生农药标量不足时，用货单位应当会同有关部门组织检量，按总量的百分之十抽样，并在十五天内将检量单和处理意见报供货单位，逾期则视为无误。供货单位在收到用货单位的函件后立即给予答复，并负责处理。所发生的费用由责任方负担。

第十四条　因错报、错发运输到站、收货人、品种、数量等发生的经济损失，由责任方负担。

第五章　农药的包装及途耗

第十五条　农药包装应按国家有关部门标准执行。

第十六条　运输途耗，实行代办运输的农药，在货物到达第一到站（港）的合理途耗，粉剂为千分之二，乳剂为千分之一。不超过途耗的均按原发重量结算。超过部分按第十一条事故处理解决。

第六章　货款及费用结算

第十七条　条款结算一般实行托收承付，也可按双方协商的结算办法处理，提货中所发生的其他费用，由用货单位自理。

第十八条　用货单位自提时，应先交款后提货，自提中发生的有关费用由调入单位负担。

第十九条　用货单位委托供货单位代办发运的，由发货单位通过银行将其货款和代垫的有关费用向调入单位办理托收，用货单位应按期承付，不得无故拒付货款、费用或商务事故损失等。否则，用货单位应承担由此造成的经济损失。

第二十条　供货单位按用货单位计划代办发运过程中，因包装、车型等原因发生尾数上超、欠等情况时，供货方应及时通知用货方，并协商解决货款和费用。调入方应按实际发货数量办理货款结算。

第二十一条　属于下列情况，调入单位可全部或部分拒付货款，其它情况不得拒付货款。

（一）因供货单位错发到站（港）、品种时；

（二）托收价格、金额计算有误错托部分；

（三）不征得用货单位同意，也不是因车型、包装等问题，供货单位擅自多装部分。

第二十二条　代办铁路发运中，需要苦垫物时，如由供货执行单位代购，供方按使用天数收取使用费或调入单位自备。

第七章　附　则

第二十三条　本办法所规定的日期，均以邮（电）局的戳记日期为准。

第二十四条　本办法由商业部负责解释。

第二十五条　本办法自一九九三年二月一日起执行。一九八四年发布的《化学农药调运交接办法》即废止。

全国普法学习读本

★ ★ ★ ★ ★

农药管理法律法规学习读本

农药综合管理法律法规

■ 曾 朝 主编

加大全民普法力度，建设社会主义法治文化，树立宪法法律至上、法律面前人人平等的法治理念。

——中国共产党第十九次全国代表大会《决胜全面建成小康社会 夺取新时代中国特色社会主义伟大胜利》

汕头大学出版社

图书在版编目（CIP）数据

农药综合管理法律法规/曾朝主编. -- 汕头：汕头大学出版社，2023.4（重印）

（农药管理法律法规学习读本）

ISBN 978-7-5658-3520-9

Ⅰ.①农… Ⅱ.①曾… Ⅲ.①农药-药品管理-法规-中国-学习参考资料 Ⅳ.①D922.44

中国版本图书馆 CIP 数据核字（2018）第 038050 号

农药综合管理法律法规 NONGYAO ZONGHE GUANLI FALÜ FAGUI

主　　编：	曾　朝
责任编辑：	邹　峰
责任技编：	黄东生
封面设计：	大华文苑
出版发行：	汕头大学出版社
	广东省汕头市大学路 243 号汕头大学校园内　邮政编码：515063
电　　话：	0754-82904613
印　　刷：	三河市元兴印务有限公司
开　　本：	690mm×960mm 1/16
印　　张：	18
字　　数：	226 千字
版　　次：	2018 年 5 月第 1 版
印　　次：	2023 年 4 月第 2 次印刷
定　　价：	59.60 元（全 2 册）

ISBN 978-7-5658-3520-9

版权所有，翻版必究

如发现印装质量问题，请与承印厂联系退换

前　言

习近平总书记指出："推进全民守法，必须着力增强全民法治观念。要坚持把全民普法和守法作为依法治国的长期基础性工作，采取有力措施加强法制宣传教育。要坚持法治教育从娃娃抓起，把法治教育纳入国民教育体系和精神文明创建内容，由易到难、循序渐进不断增强青少年的规则意识。要健全公民和组织守法信用记录，完善守法诚信褒奖机制和违法失信行为惩戒机制，形成守法光荣、违法可耻的社会氛围，使遵法守法成为全体人民共同追求和自觉行动。"

中共中央、国务院曾经转发了中央宣传部、司法部关于在公民中开展法治宣传教育的规划，并发出通知，要求各地区各部门结合实际认真贯彻执行。通知指出，全民普法和守法是依法治国的长期基础性工作。深入开展法治宣传教育，是全面建成小康社会和新农村的重要保障。

普法规划指出：各地区各部门要根据实际需要，从不同群体的特点出发，因地制宜开展有特色的法治宣传教育坚持集中法治宣传教育与经常性法治宣传教育相结合，深化法律进机关、进乡村、进社区、进学校、进企业、进单位的"法律六进"主题活动，完善工作标准，建立长效机制。

特别是农业、农村和农民问题，始终是关系党和人民事业发展的全局性和根本性问题。党中央、国务院发布的《关于推进社会主义新农村建设的若干意见》中明确提出要"加强农村法制建设，深入开展农村普法教育，增强农民的法制观念，提高农民依法行使权利和履行义务的自觉性。"多年普法实践证明，普及法律知识，提高法制观念，增强全社会依法办事意识具有重要作用。特别是在广大农村进行普法教育，是提高全民法律素质的需要。

多年来，我国在农村实行的改革开放取得了极大成功，农村发生了翻天覆地的变化，广大农民生活水平大大得到了提高。但是，由于历史和社会等原因，现阶段我国一些地区农民文化素质还不高，不学法、不懂法、不守法现象虽然较原来有所改变，但仍有相当一部分群众的法制观念仍很淡化，不懂、不愿借助法律来保护自身权益，这就极易受到不法的侵害，或极易进行违法犯罪活动，严重阻碍了全面建成小康社会和新农村步伐。

为此，根据党和政府的指示精神以及普法规划，特别是根据广大农村农民的现状，在有关部门和专家的指导下，特别编辑了这套《全国普法学习读本》。主要包括了广大人民群众应知应懂、实际实用的法律法规。为了辅导学习，附录还收入了相应法律法规的条例准则、实施细则、解读解答、案例分析等；同时为了突出法律法规的实际实用特点，兼顾地方性和特殊性，附录还收入了部分某些地方性法律法规以及非法律法规的政策文件、管理制度、应用表格等内容，拓展了本书的知识范围，使法律法规更"接地气"，便于读者学习掌握和实际应用。

在众多法律法规中，我们通过甄别，淘汰了废止的，精选了最新的、权威的和全面的。但有部分法律法规有些条款不适应当下情况了，却没有颁布新的，我们又不能擅自改动，只得保留原有条款，但附录却有相应的补充修改意见或通知等。众多法律法规根据不同内容和受众特点，经过归类组合，优化配套。整套普法读本非常全面系统，具有很强的学习性、实用性和指导性，非常适合用于广大农村和城乡普法学习教育与实践指导。总之，是全国全民普法的良好读本。

目 录

农药管理条例

第一章　总　则 …………………………………………（1）
第二章　农药登记 ………………………………………（3）
第三章　农药生产 ………………………………………（5）
第四章　农药经营 ………………………………………（8）
第五章　农药使用 ………………………………………（10）
第六章　监督管理 ………………………………………（12）
第七章　法律责任 ………………………………………（14）
第八章　附　则 …………………………………………（20）

附　录

　　农药名称管理规定 …………………………………（21）
　　农药登记管理办法 …………………………………（22）
　　农药登记试验管理办法 ……………………………（31）
　　农药登记残留试验单位认证管理办法 ……………（39）
　　农药登记环境试验单位管理办法 …………………（43）
　　关于加强农药行业管理的有关规定 ………………（47）
　　关于加强农药行业管理和技术保护的若干规定 …（51）
　　农药标签和说明书管理办法 ………………………（55）
　　农药广告审查办法 …………………………………（64）
　　农药广告审查发布标准 ……………………………（68）
　　天津市农药管理条例 ………………………………（70）
　　河北省实施《农药管理条例》办法 ………………（79）

— 1 —

海南经济特区农药管理若干规定 …………………………………（85）

农药管理条例实施办法

第一章　总　则 ……………………………………………（102）

第二章　农药登记 ……………………………………………（102）

第三章　农药经营 ……………………………………………（107）

第四章　农药使用 ……………………………………………（107）

第五章　农药监督 ……………………………………………（108）

第六章　罚　则 ………………………………………………（109）

第七章　附　则 ………………………………………………（111）

附　录

　　农药安全使用规定 …………………………………………（113）

　　农药限制使用管理规定 ……………………………………（117）

　　农药使用安全事故应急预案 ………………………………（120）

　　农药田间试验网上审批工作规范（试行）………………（128）

　　农药良好实验室考核管理办法（试行）…………………（134）

农药管理条例

中华人民共和国国务院令

第 677 号

《农药管理条例》已经 2017 年 2 月 8 日国务院第 164 次常务会议修订通过,现将修订后的《农药管理条例》公布,自 2017 年 6 月 1 日起施行。

总理 李克强
2017 年 3 月 16 日

(1997 年 5 月 8 日中华人民共和国国务院令第 216 号发布;根据 2001 年 11 月 29 日《国务院关于修改〈农药管理条例〉的决定》修订;根据 2017 年 2 月 8 日中华人民共和国国务院令第 677 号修订)

第一章 总 则

第一条 为了加强农药管理,保证农药质量,保障农产品质量安全和人畜安全，保护农业、林业生产和生态环境，制定本条例。

第二条 本条例所称农药，是指用于预防、控制危害农业、林业的病、虫、草、鼠和其他有害生物以及有目的地调节植物、昆虫生长的化学合成或者来源于生物、其他天然物质的一种物质或者几种物质的混合物及其制剂。

前款规定的农药包括用于不同目的、场所的下列各类：

（一）预防、控制危害农业、林业的病、虫（包括昆虫、蜱、螨）、草、鼠、软体动物和其他有害生物；

（二）预防、控制仓储以及加工场所的病、虫、鼠和其他有害生物；

（三）调节植物、昆虫生长；

（四）农业、林业产品防腐或者保鲜；

（五）预防、控制蚊、蝇、蜚蠊、鼠和其他有害生物；

（六）预防、控制危害河流堤坝、铁路、码头、机场、建筑物和其他场所的有害生物。

第三条 国务院农业主管部门负责全国的农药监督管理工作。

县级以上地方人民政府农业主管部门负责本行政区域的农药监督管理工作。

县级以上人民政府其他有关部门在各自职责范围内负责有关的农药监督管理工作。

第四条 县级以上地方人民政府应当加强对农药监督管理工作的组织领导，将农药监督管理经费列入本级政府预算，保障农药监督管理工作的开展。

第五条 农药生产企业、农药经营者应当对其生产、经营的农药的安全性、有效性负责，自觉接受政府监管和社会监督。

农药生产企业、农药经营者应当加强行业自律，规范生产、经营行为。

第六条 国家鼓励和支持研制、生产、使用安全、高效、经济的农药,推进农药专业化使用,促进农药产业升级。

对在农药研制、推广和监督管理等工作中作出突出贡献的单位和个人,按照国家有关规定予以表彰或者奖励。

第二章 农药登记

第七条 国家实行农药登记制度。农药生产企业、向中国出口农药的企业应当依照本条例的规定申请农药登记,新农药研制者可以依照本条例的规定申请农药登记。

国务院农业主管部门所属的负责农药检定工作的机构负责农药登记具体工作。省、自治区、直辖市人民政府农业主管部门所属的负责农药检定工作的机构协助做好本行政区域的农药登记具体工作。

第八条 国务院农业主管部门组织成立农药登记评审委员会,负责农药登记评审。

农药登记评审委员会由下列人员组成:

(一)国务院农业、林业、卫生、环境保护、粮食、工业行业管理、安全生产监督管理等有关部门和供销合作总社等单位推荐的农药产品化学、药效、毒理、残留、环境、质量标准和检测等方面的专家;

(二)国家食品安全风险评估专家委员会的有关专家;

(三)国务院农业、林业、卫生、环境保护、粮食、工业行业管理、安全生产监督管理等有关部门和供销合作总社等单位的代表。

农药登记评审规则由国务院农业主管部门制定。

第九条 申请农药登记的,应当进行登记试验。

农药的登记试验应当报所在地省、自治区、直辖市人民政府农业主管部门备案。

新农药的登记试验应当向国务院农业主管部门提出申请。国务院农业主管部门应当自受理申请之日起40个工作日内对试验的安全风险及其防范措施进行审查，符合条件的，准予登记试验；不符合条件的，书面通知申请人并说明理由。

第十条 登记试验应当由国务院农业主管部门认定的登记试验单位按照国务院农业主管部门的规定进行。

与已取得中国农药登记的农药组成成分、使用范围和使用方法相同的农药，免予残留、环境试验，但已取得中国农药登记的农药依照本条例第十五条的规定在登记资料保护期内的，应当经农药登记证持有人授权同意。

登记试验单位应当对登记试验报告的真实性负责。

第十一条 登记试验结束后，申请人应当向所在地省、自治区、直辖市人民政府农业主管部门提出农药登记申请，并提交登记试验报告、标签样张和农药产品质量标准及其检验方法等申请资料；申请新农药登记的，还应当提供农药标准品。

省、自治区、直辖市人民政府农业主管部门应当自受理申请之日起20个工作日内提出初审意见，并报送国务院农业主管部门。

向中国出口农药的企业申请农药登记的，应当持本条第一款规定的资料、农药标准品以及在有关国家（地区）登记、使用的证明材料，向国务院农业主管部门提出申请。

第十二条 国务院农业主管部门受理申请或者收到省、自治区、直辖市人民政府农业主管部门报送的申请资料后，应当组织审查和登记评审，并自收到评审意见之日起20个工作日内作出审批决定，符合条件的，核发农药登记证；不符合条件的，书面通知申请人并说明理由。

第十三条 农药登记证应当载明农药名称、剂型、有效成分及其含量、毒性、使用范围、使用方法和剂量、登记证持有人、登记证号以及有效期等事项。

农药登记证有效期为5年。有效期届满，需要继续生产农药或者向中国出口农药的，农药登记证持有人应当在有效期届满90日前向国务院农业主管部门申请延续。

农药登记证载明事项发生变化的，农药登记证持有人应当按照国务院农业主管部门的规定申请变更农药登记证。

国务院农业主管部门应当及时公告农药登记证核发、延续、变更情况以及有关的农药产品质量标准号、残留限量规定、检验方法、经核准的标签等信息。

第十四条 新农药研制者可以转让其已取得登记的新农药的登记资料；农药生产企业可以向具有相应生产能力的农药生产企业转让其已取得登记的农药的登记资料。

第十五条 国家对取得首次登记的、含有新化合物的农药的申请人提交的其自己所取得且未披露的试验数据和其他数据实施保护。

自登记之日起6年内，对其他申请人未经已取得登记的申请人同意，使用前款规定的数据申请农药登记的，登记机关不予登记；但是，其他申请人提交其自己所取得的数据的除外。

除下列情况外，登记机关不得披露本条第一款规定的数据：

（一）公共利益需要；

（二）已采取措施确保该类信息不会被不正当地进行商业使用。

第三章 农药生产

第十六条 农药生产应当符合国家产业政策。国家鼓励和支持农药生产企业采用先进技术和先进管理规范，提高农药的安全性、有效性。

第十七条 国家实行农药生产许可制度。农药生产企业应当具备下列条件，并按照国务院农业主管部门的规定向省、自治区、直辖市人民政府农业主管部门申请农药生产许可证：

（一）有与所申请生产农药相适应的技术人员；

（二）有与所申请生产农药相适应的厂房、设施；

（三）有对所申请生产农药进行质量管理和质量检验的人员、仪器和设备；

（四）有保证所申请生产农药质量的规章制度。

省、自治区、直辖市人民政府农业主管部门应当自受理申请之日起20个工作日内作出审批决定，必要时应当进行实地核查。符合条件的，核发农药生产许可证；不符合条件的，书面通知申请人并说明理由。

安全生产、环境保护等法律、行政法规对企业生产条件有其他规定的，农药生产企业还应当遵守其规定。

第十八条 农药生产许可证应当载明农药生产企业名称、住所、法定代表人（负责人）、生产范围、生产地址以及有效期等事项。

农药生产许可证有效期为5年。有效期届满，需要继续生产农药的，农药生产企业应当在有效期届满90日前向省、自治区、直辖市人民政府农业主管部门申请延续。

农药生产许可证载明事项发生变化的，农药生产企业应当按照国务院农业主管部门的规定申请变更农药生产许可证。

第十九条 委托加工、分装农药的，委托人应当取得相应的农药登记证，受托人应当取得农药生产许可证。

委托人应当对委托加工、分装的农药质量负责。

第二十条 农药生产企业采购原材料,应当查验产品质量检验合格证和有关许可证明文件,不得采购、使用未依法附具产品质量检验合格证、未依法取得有关许可证明文件的原材料。

农药生产企业应当建立原材料进货记录制度,如实记录原材料的名称、有关许可证明文件编号、规格、数量、供货人名称及其联系方式、进货日期等内容。原材料进货记录应当保存2年以上。

第二十一条 农药生产企业应当严格按照产品质量标准进行生产,确保农药产品与登记农药一致。农药出厂销售,应当经质量检验合格并附具产品质量检验合格证。

农药生产企业应当建立农药出厂销售记录制度,如实记录农药的名称、规格、数量、生产日期和批号、产品质量检验信息、购货人名称及其联系方式、销售日期等内容。农药出厂销售记录应当保存2年以上。

第二十二条 农药包装应当符合国家有关规定,并印制或者贴有标签。国家鼓励农药生产企业使用可回收的农药包装材料。

农药标签应当按照国务院农业主管部门的规定,以中文标注农药的名称、剂型、有效成分及其含量、毒性及其标识、使用范围、使用方法和剂量、使用技术要求和注意事项、生产日期、可追溯电子信息码等内容。

剧毒、高毒农药以及使用技术要求严格的其他农药等限制使用农药的标签还应当标注"限制使用"字样,并注明使用的特别限制和特殊要求。用于食用农产品的农药的标签还应当标注安全间隔期。

第二十三条 农药生产企业不得擅自改变经核准的农药的标签内容,不得在农药的标签中标注虚假、误导使用者的内容。

农药包装过小,标签不能标注全部内容的,应当同时附具说明书,说明书的内容应当与经核准的标签内容一致。

第四章 农药经营

第二十四条 国家实行农药经营许可制度,但经营卫生用农药的除外。农药经营者应当具备下列条件,并按照国务院农业主管部门的规定向县级以上地方人民政府农业主管部门申请农药经营许可证:

(一)有具备农药和病虫害防治专业知识,熟悉农药管理规定,能够指导安全合理使用农药的经营人员;

(二)有与其他商品以及饮用水水源、生活区域等有效隔离的营业场所和仓储场所,并配备与所申请经营农药相适应的防护设施;

(三)有与所申请经营农药相适应的质量管理、台账记录、安全防护、应急处置、仓储管理等制度。

经营限制使用农药的,还应当配备相应的用药指导和病虫害防治专业技术人员,并按照所在地省、自治区、直辖市人民政府农业主管部门的规定实行定点经营。

县级以上地方人民政府农业主管部门应当自受理申请之日起20个工作日内作出审批决定。符合条件的,核发农药经营许可证;不符合条件的,书面通知申请人并说明理由。

第二十五条 农药经营许可证应当载明农药经营者名称、住所、负责人、经营范围以及有效期等事项。

农药经营许可证有效期为5年。有效期届满,需要继续经营农药的,农药经营者应当在有效期届满90日前向发证机关申请延续。

农药经营许可证载明事项发生变化的,农药经营者应当按照国务院农业主管部门的规定申请变更农药经营许可证。

取得农药经营许可证的农药经营者设立分支机构的,应当依法申请变更农药经营许可证,并向分支机构所在地县级以上地方人民政府农业主管部门备案,其分支机构免予办理农药经营许可证。农药经营者应当对其分支机构的经营活动负责。

第二十六条 农药经营者采购农药应当查验产品包装、标签、产品质量检验合格证以及有关许可证明文件,不得向未取得农药生产许可证的农药生产企业或者未取得农药经营许可证的其他农药经营者采购农药。

农药经营者应当建立采购台账,如实记录农药的名称、有关许可证明文件编号、规格、数量、生产企业和供货人名称及其联系方式、进货日期等内容。采购台账应当保存2年以上。

第二十七条 农药经营者应当建立销售台账,如实记录销售农药的名称、规格、数量、生产企业、购买人、销售日期等内容。销售台账应当保存2年以上。

农药经营者应当向购买人询问病虫害发生情况并科学推荐农药,必要时应当实地查看病虫害发生情况,并正确说明农药的使用范围、使用方法和剂量、使用技术要求和注意事项,不得误导购买人。

经营卫生用农药的,不适用本条第一款、第二款的规定。

第二十八条 农药经营者不得加工、分装农药,不得在农药中添加任何物质,不得采购、销售包装和标签不符合规定,未附具产品质量检验合格证,未取得有关许可证明文件的农药。

经营卫生用农药的,应当将卫生用农药与其他商品分柜销售;经营其他农药的,不得在农药经营场所内经营食品、食用农产品、饲料等。

第二十九条 境外企业不得直接在中国销售农药。境外企业在中国销售农药的,应当依法在中国设立销售机构或者委托符合条件的中国代理机构销售。

向中国出口的农药应当附具中文标签、说明书，符合产品质量标准，并经出入境检验检疫部门依法检验合格。禁止进口未取得农药登记证的农药。

办理农药进出口海关申报手续，应当按照海关总署的规定出示相关证明文件。

第五章　农药使用

第三十条　县级以上人民政府农业主管部门应当加强农药使用指导、服务工作，建立健全农药安全、合理使用制度，并按照预防为主、综合防治的要求，组织推广农药科学使用技术，规范农药使用行为。林业、粮食、卫生等部门应当加强对林业、储粮、卫生用农药安全、合理使用的技术指导，环境保护主管部门应当加强对农药使用过程中环境保护和污染防治的技术指导。

第三十一条　县级人民政府农业主管部门应当组织植物保护、农业技术推广等机构向农药使用者提供免费技术培训，提高农药安全、合理使用水平。

国家鼓励农业科研单位、有关学校、农民专业合作社、供销合作社、农业社会化服务组织和专业人员为农药使用者提供技术服务。

第三十二条　国家通过推广生物防治、物理防治、先进施药器械等措施，逐步减少农药使用量。

县级人民政府应当制定并组织实施本行政区域的农药减量计划；对实施农药减量计划、自愿减少农药使用量的农药使用者，给予鼓励和扶持。

县级人民政府农业主管部门应当鼓励和扶持设立专业化病虫害防治服务组织，并对专业化病虫害防治和限制使用农药的配药、用药进行指导、规范和管理，提高病虫害防治水平。

县级人民政府农业主管部门应当指导农药使用者有计划地轮换使用农药，减缓危害农业、林业的病、虫、草、鼠和其他有害生物的抗药性。

乡、镇人民政府应当协助开展农药使用指导、服务工作。

第三十三条 农药使用者应当遵守国家有关农药安全、合理使用制度，妥善保管农药，并在配药、用药过程中采取必要的防护措施，避免发生农药使用事故。

限制使用农药的经营者应当为农药使用者提供用药指导，并逐步提供统一用药服务。

第三十四条 农药使用者应当严格按照农药的标签标注的使用范围、使用方法和剂量、使用技术要求和注意事项使用农药，不得扩大使用范围、加大用药剂量或者改变使用方法。

农药使用者不得使用禁用的农药。

标签标注安全间隔期的农药，在农产品收获前应当按照安全间隔期的要求停止使用。

剧毒、高毒农药不得用于防治卫生害虫，不得用于蔬菜、瓜果、茶叶、菌类、中草药材的生产，不得用于水生植物的病虫害防治。

第三十五条 农药使用者应当保护环境，保护有益生物和珍稀物种，不得在饮用水水源保护区、河道内丢弃农药、农药包装物或者清洗施药器械。

严禁在饮用水水源保护区内使用农药，严禁使用农药毒鱼、虾、鸟、兽等。

第三十六条 农产品生产企业、食品和食用农产品仓储企业、专业化病虫害防治服务组织和从事农产品生产的农民专业合作社等应当建立农药使用记录，如实记录使用农药的时间、地点、对象以及农药名称、用量、生产企业等。农药使用记录应当保存2年以上。

国家鼓励其他农药使用者建立农药使用记录。

第三十七条 国家鼓励农药使用者妥善收集农药包装物等废弃物；农药生产企业、农药经营者应当回收农药废弃物，防止农药污染环境和农药中毒事故的发生。具体办法由国务院环境保护主管部门会同国务院农业主管部门、国务院财政部门等部门制定。

第三十八条 发生农药使用事故，农药使用者、农药生产企业、农药经营者和其他有关人员应当及时报告当地农业主管部门。

接到报告的农业主管部门应当立即采取措施，防止事故扩大，同时通知有关部门采取相应措施。造成农药中毒事故的，由农业主管部门和公安机关依照职责权限组织调查处理，卫生主管部门应当按照国家有关规定立即对受到伤害的人员组织医疗救治；造成环境污染事故的，由环境保护等有关部门依法组织调查处理；造成储粮药剂使用事故和农作物药害事故的，分别由粮食、农业等部门组织技术鉴定和调查处理。

第三十九条 因防治突发重大病虫害等紧急需要，国务院农业主管部门可以决定临时生产、使用规定数量的未取得登记或者禁用、限制使用的农药，必要时应当会同国务院对外贸易主管部门决定临时限制出口或者临时进口规定数量、品种的农药。

前款规定的农药，应当在使用地县级人民政府农业主管部门的监督和指导下使用。

第六章　监督管理

第四十条 县级以上人民政府农业主管部门应当定期调查统计农药生产、销售、使用情况，并及时通报本级人民政府有关部门。

县级以上地方人民政府农业主管部门应当建立农药生产、经营诚信档案并予以公布；发现违法生产、经营农药的行为涉嫌犯罪的，应当依法移送公安机关查处。

第四十一条 县级以上人民政府农业主管部门履行农药监督管理职责，可以依法采取下列措施：

（一）进入农药生产、经营、使用场所实施现场检查；

（二）对生产、经营、使用的农药实施抽查检测；

（三）向有关人员调查了解有关情况；

（四）查阅、复制合同、票据、账簿以及其他有关资料；

（五）查封、扣押违法生产、经营、使用的农药，以及用于违法生产、经营、使用农药的工具、设备、原材料等；

（六）查封违法生产、经营、使用农药的场所。

第四十二条 国家建立农药召回制度。农药生产企业发现其生产的农药对农业、林业、人畜安全、农产品质量安全、生态环境等有严重危害或者较大风险的，应当立即停止生产，通知有关经营者和使用者，向所在地农业主管部门报告，主动召回产品，并记录通知和召回情况。

农药经营者发现其经营的农药有前款规定的情形的，应当立即停止销售，通知有关生产企业、供货人和购买人，向所在地农业主管部门报告，并记录停止销售和通知情况。

农药使用者发现其使用的农药有本条第一款规定的情形的，应当立即停止使用，通知经营者，并向所在地农业主管部门报告。

第四十三条 国务院农业主管部门和省、自治区、直辖市人民政府农业主管部门应当组织负责农药检定工作的机构、植物保护机构对已登记农药的安全性和有效性进行监测。

发现已登记农药对农业、林业、人畜安全、农产品质量安全、生态环境等有严重危害或者较大风险的，国务院农业主管部门应当组织农药登记评审委员会进行评审，根据评审结果撤销、变更相应的农药登记证，必要时应当决定禁用或者限制使用并予以公告。

第四十四条 有下列情形之一的，认定为假农药：

（一）以非农药冒充农药；

（二）以此种农药冒充他种农药；

（三）农药所含有效成分种类与农药的标签、说明书标注的有效成分不符。

禁用的农药，未依法取得农药登记证而生产、进口的农药，以及未附具标签的农药，按照假农药处理。

第四十五条 有下列情形之一的，认定为劣质农药：

（一）不符合农药产品质量标准；

（二）混有导致药害等有害成分。

超过农药质量保证期的农药，按照劣质农药处理。

第四十六条 假农药、劣质农药和回收的农药废弃物等应当交由具有危险废物经营资质的单位集中处置，处置费用由相应的农药生产企业、农药经营者承担；农药生产企业、农药经营者不明确的，处置费用由所在地县级人民政府财政列支。

第四十七条 禁止伪造、变造、转让、出租、出借农药登记证、农药生产许可证、农药经营许可证等许可证明文件。

第四十八条 县级以上人民政府农业主管部门及其工作人员和负责农药检定工作的机构及其工作人员，不得参与农药生产、经营活动。

第七章 法律责任

第四十九条 县级以上人民政府农业主管部门及其工作人员有下列行为之一的，由本级人民政府责令改正；对负有责任的领导人

员和直接责任人员,依法给予处分;负有责任的领导人员和直接责任人员构成犯罪的,依法追究刑事责任:

(一)不履行监督管理职责,所辖行政区域的违法农药生产、经营活动造成重大损失或者恶劣社会影响;

(二)对不符合条件的申请人准予许可或者对符合条件的申请人拒不准予许可;

(三)参与农药生产、经营活动;

(四)有其他徇私舞弊、滥用职权、玩忽职守行为。

第五十条 农药登记评审委员会组成人员在农药登记评审中谋取不正当利益的,由国务院农业主管部门从农药登记评审委员会除名;属于国家工作人员的,依法给予处分;构成犯罪的,依法追究刑事责任。

第五十一条 登记试验单位出具虚假登记试验报告的,由省、自治区、直辖市人民政府农业主管部门没收违法所得,并处5万元以上10万元以下罚款;由国务院农业主管部门从登记试验单位中除名,5年内不再受理其登记试验单位认定申请;构成犯罪的,依法追究刑事责任。

第五十二条 未取得农药生产许可证生产农药或者生产假农药的,由县级以上地方人民政府农业主管部门责令停止生产,没收违法所得、违法生产的产品和用于违法生产的工具、设备、原材料等,违法生产的产品货值金额不足1万元的,并处5万元以上10万元以下罚款,货值金额1万元以上的,并处货值金额10倍以上20倍以下罚款,由发证机关吊销农药生产许可证和相应的农药登记证;构成犯罪的,依法追究刑事责任。

取得农药生产许可证的农药生产企业不再符合规定条件继续生产农药的,由县级以上地方人民政府农业主管部门责令限期整改;逾期拒不整改或者整改后仍不符合规定条件的,由发证机关吊销农药生产许可证。

农药生产企业生产劣质农药的,由县级以上地方人民政府农业主管部门责令停止生产,没收违法所得、违法生产的产品和用于违法生产的工具、设备、原材料等,违法生产的产品货值金额不足1万元的,并处1万元以上5万元以下罚款,货值金额1万元以上的,并处货值金额5倍以上10倍以下罚款;情节严重的,由发证机关吊销农药生产许可证和相应的农药登记证;构成犯罪的,依法追究刑事责任。

委托未取得农药生产许可证的受托人加工、分装农药,或者委托加工、分装假农药、劣质农药的,对委托人和受托人均依照本条第一款、第三款的规定处罚。

第五十三条 农药生产企业有下列行为之一的,由县级以上地方人民政府农业主管部门责令改正,没收违法所得、违法生产的产品和用于违法生产的原材料等,违法生产的产品货值金额不足1万元的,并处1万元以上2万元以下罚款,货值金额1万元以上的,并处货值金额2倍以上5倍以下罚款;拒不改正或者情节严重的,由发证机关吊销农药生产许可证和相应的农药登记证:

(一)采购、使用未依法附具产品质量检验合格证、未依法取得有关许可证明文件的原材料;

(二)出厂销售未经质量检验合格并附具产品质量检验合格证的农药;

(三)生产的农药包装、标签、说明书不符合规定;

(四)不召回依法应当召回的农药。

第五十四条 农药生产企业不执行原材料进货、农药出厂销售记录制度,或者不履行农药废弃物回收义务的,由县级以上地方人民政府农业主管部门责令改正,处1万元以上5万元以下罚款;拒不改正或者情节严重的,由发证机关吊销农药生产许可证和相应的农药登记证。

第五十五条 农药经营者有下列行为之一的，由县级以上地方人民政府农业主管部门责令停止经营，没收违法所得、违法经营的农药和用于违法经营的工具、设备等，违法经营的农药货值金额不足1万元的，并处5000元以上5万元以下罚款，货值金额1万元以上的，并处货值金额5倍以上10倍以下罚款；构成犯罪的，依法追究刑事责任：

（一）违反本条例规定，未取得农药经营许可证经营农药；

（二）经营假农药；

（三）在农药中添加物质。

有前款第二项、第三项规定的行为，情节严重的，还应当由发证机关吊销农药经营许可证。

取得农药经营许可证的农药经营者不再符合规定条件继续经营农药的，由县级以上地方人民政府农业主管部门责令限期整改；逾期拒不整改或者整改后仍不符合规定条件的，由发证机关吊销农药经营许可证。

第五十六条 农药经营者经营劣质农药的，由县级以上地方人民政府农业主管部门责令停止经营，没收违法所得、违法经营的农药和用于违法经营的工具、设备等，违法经营的农药货值金额不足1万元的，并处2000元以上2万元以下罚款，货值金额1万元以上的，并处货值金额2倍以上5倍以下罚款；情节严重的，由发证机关吊销农药经营许可证；构成犯罪的，依法追究刑事责任。

第五十七条 农药经营者有下列行为之一的，由县级以上地方人民政府农业主管部门责令改正，没收违法所得和违法经营的农药，并处5000元以上5万元以下罚款；拒不改正或者情节严重的，由发证机关吊销农药经营许可证：

（一）设立分支机构未依法变更农药经营许可证，或者未向分支机构所在地县级以上地方人民政府农业主管部门备案；

（二）向未取得农药生产许可证的农药生产企业或者未取得农药经营许可证的其他农药经营者采购农药；

（三）采购、销售未附具产品质量检验合格证或者包装、标签不符合规定的农药；

（四）不停止销售依法应当召回的农药。

第五十八条 农药经营者有下列行为之一的，由县级以上地方人民政府农业主管部门责令改正；拒不改正或者情节严重的，处2000元以上2万元以下罚款，并由发证机关吊销农药经营许可证：

（一）不执行农药采购台账、销售台账制度；

（二）在卫生用农药以外的农药经营场所内经营食品、食用农产品、饲料等；

（三）未将卫生用农药与其他商品分柜销售；

（四）不履行农药废弃物回收义务。

第五十九条 境外企业直接在中国销售农药的，由县级以上地方人民政府农业主管部门责令停止销售，没收违法所得、违法经营的农药和用于违法经营的工具、设备等，违法经营的农药货值金额不足5万元的，并处5万元以上50万元以下罚款，货值金额5万元以上的，并处货值金额10倍以上20倍以下罚款，由发证机关吊销农药登记证。

取得农药登记证的境外企业向中国出口劣质农药情节严重或者出口假农药的，由国务院农业主管部门吊销相应的农药登记证。

第六十条 农药使用者有下列行为之一的，由县级人民政府农业主管部门责令改正，农药使用者为农产品生产企业、食品和食用农产品仓储企业、专业化病虫害防治服务组织和从事农产品生产的农民专业合作社等单位的，处5万元以上10万元以下罚款，农药使用者为个人的，处1万元以下罚款；构成犯罪的，依法追究刑事责任：

（一）不按照农药的标签标注的使用范围、使用方法和剂量、使用技术要求和注意事项、安全间隔期使用农药；

（二）使用禁用的农药；

（三）将剧毒、高毒农药用于防治卫生害虫，用于蔬菜、瓜果、茶叶、菌类、中草药材生产或者用于水生植物的病虫害防治；

（四）在饮用水水源保护区内使用农药；

（五）使用农药毒鱼、虾、鸟、兽等；

（六）在饮用水水源保护区、河道内丢弃农药、农药包装物或者清洗施药器械。

有前款第二项规定的行为的，县级人民政府农业主管部门还应当没收禁用的农药。

第六十一条　农产品生产企业、食品和食用农产品仓储企业、专业化病虫害防治服务组织和从事农产品生产的农民专业合作社等不执行农药使用记录制度的，由县级人民政府农业主管部门责令改正；拒不改正或者情节严重的，处 2000 元以上 2 万元以下罚款。

第六十二条　伪造、变造、转让、出租、出借农药登记证、农药生产许可证、农药经营许可证等许可证明文件的，由发证机关收缴或者予以吊销，没收违法所得，并处 1 万元以上 5 万元以下罚款；构成犯罪的，依法追究刑事责任。

第六十三条　未取得农药生产许可证生产农药，未取得农药经营许可证经营农药，或者被吊销农药登记证、农药生产许可证、农药经营许可证的，其直接负责的主管人员 10 年内不得从事农药生产、经营活动。

农药生产企业、农药经营者招用前款规定的人员从事农药生产、经营活动的，由发证机关吊销农药生产许可证、农药经营许可证。

被吊销农药登记证的，国务院农业主管部门 5 年内不再受理其农药登记申请。

第六十四条 生产、经营的农药造成农药使用者人身、财产损害的，农药使用者可以向农药生产企业要求赔偿，也可以向农药经营者要求赔偿。属于农药生产企业责任的，农药经营者赔偿后有权向农药生产企业追偿；属于农药经营者责任的，农药生产企业赔偿后有权向农药经营者追偿。

第八章　附　则

第六十五条 申请农药登记的，申请人应当按照自愿有偿的原则，与登记试验单位协商确定登记试验费用。

第六十六条 本条例自2017年6月1日起施行。

附 录

农药名称管理规定

中华人民共和国农业部
国家发展和改革委员会公告
第 945 号

为规范农药名称，维护农药消费者权益，根据《农药管理条例》的有关规定，现就农药名称的管理作出以下规定：

一、单制剂使用农药有效成分的通用名称。

二、混配制剂中各有效成分通用名称组合后不多于 5 个字的，使用各有效成分通用名称的组合作为简化通用名称，各有效成分通用名称之间应当插入间隔号（以圆点"·"表示，中实点，半角），按照便于记忆的方式排列。混配制剂中各有效成分通用名称组合后多于 5 个字的，使用简化通用名称。

三、对卫生用农药，不经稀释直接使用的，以功能描述词语和剂型作为产品名称；经稀释使用的，按第一、二条的规定使用农药名称。

四、农药混配制剂的简化通用名称目录。尚未列入名称目录的农药混配制剂，申请者应当按照第二、三条的规定，在申请农药登记时向农业部提出简化通用名称的建议，经农业部核准后，方可使用。

二〇〇七年十二月十二日

农药登记管理办法

中华人民共和国农业部令

2017 年第 3 号

《农药登记管理办法》已经农业部 2017 年第 6 次常务会议审议通过，现予公布，自 2017 年 8 月 1 日起施行。

农业部部长
2017 年 6 月 21 日

第一章　总　则

第一条　为了规范农药登记行为，加强农药登记管理，保证农药的安全性、有效性，根据《农药管理条例》，制定本办法。

第二条　在中华人民共和国境内生产、经营、使用的农药，应当取得农药登记。

未依法取得农药登记证的农药，按照假农药处理。

第三条　农业部负责全国农药登记管理工作，组织成立农药登记评审委员会，制定农药登记评审规则。

农业部所属的负责农药检定工作的机构负责全国农药登记具体工作。

第四条　省级人民政府农业主管部门（以下简称省级农业部门）负责受理本行政区域内的农药登记申请，对申请资料进行审查，提出初审意见。

省级农业部门负责农药检定工作的机构（以下简称省级农药检定机构）协助做好农药登记具体工作。

第五条 农药登记应当遵循科学、公平、公正、高效和便民的原则。

第六条 鼓励和支持登记安全、高效、经济的农药，加快淘汰对农业、林业、人畜安全、农产品质量安全和生态环境等风险高的农药。

第二章 基本要求

第七条 农药名称应当使用农药的中文通用名称或者简化中文通用名称，植物源农药名称可以用植物名称加提取物表示。直接使用的卫生用农药的名称用功能描述词语加剂型表示。

第八条 农药有效成分含量、剂型的设定应当符合提高质量、保护环境和促进农业可持续发展的原则。

制剂产品的配方应当科学、合理、方便使用。相同有效成分和剂型的单制剂产品，含量梯度不超过三个。混配制剂的有效成分不超过两种，除草剂、种子处理剂、信息素等有效成分不超过三种。有效成分和剂型相同的混配制剂，配比不超过三个，相同配比的总含量梯度不超过三个。不经稀释或者分散直接使用的低有效成分含量农药单独分类。有关具体要求，由农业部另行制定。

第九条 农业部根据农药助剂的毒性和危害性，适时公布和调整禁用、限用助剂名单及限量。

使用时需要添加指定助剂的，申请农药登记时，应当提交相应的试验资料。

第十条 农药产品的稀释倍数或者使用浓度，应当与施药技术相匹配。

第十一条 申请人提供的相关数据或者资料，应当能够满足风险评估的需要，产品与已登记产品在安全性、有效性等方面相当或者具有明显优势。

对申请登记产品进行审查，需要参考已登记产品风险评估结果时，遵循最大风险原则。

第十二条 申请人应当同时提交纸质文件和电子文档，并对所提供资料的真实性、合法性负责。

第三章 申请与受理

第十三条 申请人应当是农药生产企业、向中国出口农药的企业或者新农药研制者。

农药生产企业，是指已经取得农药生产许可证的境内企业。向中国出口农药的企业（以下简称境外企业），是指将在境外生产的农药向中国出口的企业。新农药研制者，是指在我国境内研制开发新农药的中国公民、法人或者其他组织。

多个主体联合研制的新农药，应当明确其中一个主体作为申请人，并说明其他合作研制机构，以及相关试验样品同质性的证明材料。其他主体不得重复申请。

第十四条 境内申请人向所在地省级农业部门提出农药登记申请。境外企业向农业部提出农药登记申请。

第十五条 申请人应当提交产品化学、毒理学、药效、残留、环境影响等试验报告、风险评估报告、标签或者说明书样张、产品安全数据单、相关文献资料、申请表、申请人资质证明、资料真实性声明等申请资料。

农药登记申请资料应当真实、规范、完整、有效，具体要求由农业部另行制定。

第十六条 登记试验报告应当由农业部认定的登记试验单位出具，也可以由与中国政府有关部门签署互认协定的境外相关实验室出具；但药效、残留、环境影响等与环境条件密切相关的试验以及中国特有生物物种的登记试验应当在中国境内完成。

第十七条 申请新农药登记的，应当同时提交新农药原药和新农药制剂登记申请，并提供农药标准品。

自新农药登记之日起六年内，其他申请人提交其自己所取得的或者新农药登记证持有人授权同意的数据申请登记的，按照新农药登记申请。

第十八条 农药登记证持有人独立拥有的符合登记资料要求的完整登记资料，可以授权其他申请人使用。

按照《农药管理条例》第十四条规定转让农药登记资料的，由受让方凭双方的转让合同及符合登记资料要求的登记资料申请农药登记。

第十九条 农业部或者省级农业部门对申请人提交的申请资料，应当根据下列情况分别作出处理：

（一）不需要农药登记的，即时告知申请者不予受理；

（二）申请资料存在错误的，允许申请者当场更正；

（三）申请资料不齐全或者不符合法定形式的，应当当场或者在五个工作日内一次告知申请者需要补正的全部内容，逾期不告知的，自收到申请资料之日起即为受理；

（四）申请资料齐全、符合法定形式，或者申请者按照要求提交全部补正资料的，予以受理。

第四章 审查与决定

第二十条 省级农业部门应当自受理申请之日起二十个工作日内对申请人提交的资料进行初审，提出初审意见，并报送农业部。初审不通过的，可以根据申请人意愿，书面通知申请人并说明理由。

第二十一条 农业部自受理申请或者收到省级农业部门报送的申请资料和初审意见后，应当在九个月内完成产品化学、毒理学、药效、残留、环境影响、标签样张等的技术审查工作，并将审查意见提交农药登记评审委员会评审。

第二十二条 农药登记评审委员会在收到技术审查意见后，按照农药登记评审规则提出评审意见。

第二十三条 农药登记申请受理后,申请人可以撤回登记申请,并在补充完善相关资料后重新申请。

农业部根据农药登记评审委员会意见,可以要求申请人补充资料。

第二十四条 在登记审查和评审期间,申请人提交的登记申请的种类以及其所依照的技术要求和审批程序,不因为其他申请人在此期间取得农药登记证而发生变化。

新农药获得批准后,已经受理的其他申请人的新农药登记申请,可以继续按照新农药登记审批程序予以审查和评审。其他申请人也可以撤回该申请,重新提出登记申请。

第二十五条 农业部自收到评审意见之日起二十个工作日内作出审批决定。符合条件的,核发农药登记证;不符合条件的,书面通知申请人并说明理由。

第二十六条 农药登记证由农业部统一印制。

第五章 变更与延续

第二十七条 农药登记证有效期为五年。

第二十八条 农药登记证有效期内有下列情形之一的,农药登记证持有人应当向农业部申请变更:

(一)改变农药使用范围、使用方法或者使用剂量的;

(二)改变农药有效成分以外组成成分的;

(三)改变产品毒性级别的;

(四)原药产品有效成分含量发生改变的;

(五)产品质量标准发生变化的;

(六)农业部规定的其他情形。

变更农药登记证持有人的,应当提交相关证明材料,向农业部申请换发农药登记证。

第二十九条 有效期届满,需要继续生产农药或者向中国出口农药的,应当在有效期届满九十日前申请延续。逾期未申请延续的,应当重新申请登记。

第三十条 申请变更或者延续的,由农药登记证持有人向农业部提出,填写申请表并提交相关资料。

第三十一条 农业部应当在六个月内完成登记变更审查,形成审查意见,提交农药登记评审委员会评审,并自收到评审意见之日起二十个工作日内作出审批决定。符合条件的,准予登记变更,登记证号及有效期不变;不符合条件的,书面通知申请人并说明理由。

第三十二条 农业部对登记延续申请资料进行审查,在有效期届满前作出是否延续的决定。审查中发现安全性、有效性出现隐患或者风险的,提交农药登记评审委员会评审。

第六章 风险监测与评价

第三十三条 省级以上农业部门应当建立农药安全风险监测制度,组织农药检定机构、植保机构对已登记农药的安全性和有效性进行监测、评价。

第三十四条 监测内容包括农药对农业、林业、人畜安全、农产品质量安全、生态环境等的影响。

有下列情形之一的,应当组织开展评价:

(一)发生多起农作物药害事故的;

(二)靶标生物抗性大幅升高的;

(三)农产品农药残留多次超标的;

(四)出现多起对蜜蜂、鸟、鱼、蚕、虾、蟹等非靶标生物、天敌生物危害事件的;

(五)对地下水、地表水和土壤等产生不利影响的;

(六)对农药使用者或者接触人群、畜禽等产生健康危害的。

省级农业部门应当及时将监测、评价结果报告农业部。

第三十五条 农药登记证持有人应当收集分析农药产品的安全性、有效性变化和产品召回、生产使用过程中事故发生等情况。

第三十六条 对登记十五年以上的农药品种，农业部根据生产使用和产业政策变化情况，组织开展周期性评价。

第三十七条 发现已登记农药对农业、林业、人畜安全、农产品质量安全、生态环境等有严重危害或者较大风险的，农业部应当组织农药登记评审委员会进行评审，根据评审结果撤销或者变更相应农药登记证，必要时决定禁用或者限制使用并予以公告。

第七章　监督管理

第三十八条 有下列情形之一的，农业部或者省级农业部门不予受理农药登记申请；已经受理的，不予批准：

（一）申请资料的真实性、完整性或者规范性不符合要求；

（二）申请人不符合本办法第十三条规定的资格要求；

（三）申请人被列入国家有关部门规定的严重失信单位名单并限制其取得行政许可；

（四）申请登记农药属于国家有关部门明令禁止生产、经营、使用或者农业部依法不再新增登记的农药；

（五）登记试验不符合《农药管理条例》第九条第三款、第十条规定；

（六）应当不予受理或者批准的其他情形。

申请人隐瞒有关情况或者提交虚假农药登记资料和试验样品的，一年内不受理其申请；已批准登记的，撤销农药登记证，三年内不受理其申请。被吊销农药登记证的，五年内不受理其申请。

第三十九条 对提交虚假资料和试验样品的，农业部将申请人的违法信息列入诚信档案，并予以公布。

第四十条 有下列情形之一的,农业部注销农药登记证,并予以公布:

(一)有效期届满未延续的;

(二)农药登记证持有人依法终止或者不具备农药登记申请人资格的;

(三)农药登记资料已经依法转让的;

(四)应当注销农药登记证的其他情形。

第四十一条 农业部推进农药登记信息平台建设,逐步实行网上办理登记申请和受理,通过农业部网站或者发布农药登记公告,公布农药登记证核发、延续、变更、撤销、注销情况以及有关的农药产品质量标准号、残留限量规定、检验方法、经核准的标签等信息。

第四十二条 农药登记评审委员会组成人员在农药登记评审中谋取不正当利益的,农业部将其从农药登记评审委员会除名;属于国家工作人员的,提请有关部门依法予以处分;构成犯罪的,依法追究刑事责任。

第四十三条 农业部、省级农业部门及其负责农药登记工作人员,应当依法履行职责,科学、客观、公正地提出审查和评审意见,对申请人提交的登记资料和尚未公开的审查、评审结果、意见负有保密义务;与申请人或者其产品(资料)具有利害关系的,应当回避;不得参与农药生产、经营活动。

第四十四条 农药登记工作人员不依法履行职责,滥用职权、徇私舞弊,索取、收受他人财物,或者谋取其他利益的,依法给予处分;自处分决定作出之日起,五年内不得从事农药登记工作。

第四十五条 任何单位和个人发现有违反本办法规定情形的,有权向农业部或者省级农业部门举报。农业部或者省级农业部门应当及时核实、处理,并为举报人保密。经查证属实,并对生产安全起到积极作用或者挽回损失较大的，按照国家有关规定予以表彰或者奖励。

第八章 附 则

第四十六条 用于特色小宗作物的农药登记，实行群组化扩大使用范围登记管理，特色小宗作物的范围由农业部规定。

尚无登记农药可用的特色小宗作物或者新的有害生物，省级农业部门可以根据当地实际情况，在确保风险可控的前提下，采取临时用药措施，并报农业部备案。

第四十七条 本办法下列用语的含义是：

（一）新农药，是指含有的有效成分尚未在中国批准登记的农药，包括新农药原药（母药）和新农药制剂。

（二）原药，是指在生产过程中得到的由有效成分及有关杂质组成的产品，必要时可加入少量的添加剂。

（三）母药，是指在生产过程中得到的由有效成分及有关杂质组成的产品，可含有少量必需的添加剂和适当的稀释剂。

（四）制剂，是指由农药原药（母药）和适宜的助剂加工成的，或者由生物发酵、植物提取等方法加工而成的状态稳定的农药产品。

（五）助剂，是指除有效成分以外，任何被添加在农药产品中，本身不具有农药活性和有效成分功能，但能够或者有助于提高、改善农药产品理化性能的单一组分或者多个组分的物质。

第四十八条 仅供境外使用农药的登记管理由农业部另行规定。

第四十九条 本办法自 2017 年 8 月 1 日起施行。

2017 年 6 月 1 日之前，已经取得的农药临时登记证到期不予延续；已经受理尚未作出审批决定的农药登记申请，按照《农药管理条例》有关规定办理。

农药登记试验管理办法

中华人民共和国农业部令

2017 年第 6 号

《农药登记试验管理办法》已经农业部 2017 年第 6 次常务会议审议通过，现予公布，自 2017 年 8 月 1 日起施行。

农业部部长
2017 年 6 月 21 日

第一章 总 则

第一条 为了保证农药登记试验数据的完整性、可靠性和真实性，加强农药登记试验管理，根据《农药管理条例》，制定本办法。

第二条 申请农药登记的，应当按照本办法进行登记试验。

开展农药登记试验的，申请人应当报试验所在地省级人民政府农业主管部门（以下简称省级农业部门）备案；新农药的登记试验，还应当经农业部审查批准。

第三条 农业部负责新农药登记试验审批、农药登记试验单位认定及登记试验的监督管理，具体工作由农业部所属的负责农药检定工作的机构承担。

省级农业部门负责本行政区域的农药登记试验备案及相关监督管理工作，具体工作由省级农业部门所属的负责农药检定工作的机构承担。

第四条 省级农业部门应当加强农药登记试验监督管理信息化

建设，及时将登记试验备案及登记试验监督管理信息上传至农业部规定的农药管理信息平台。

第二章　试验单位认定

第五条　申请承担农药登记试验的机构，应当具备下列条件：

（一）具有独立的法人资格，或者经法人授权同意申请并承诺承担相应法律责任；

（二）具有与申请承担登记试验范围相匹配的试验场所、环境设施条件、试验设施和仪器设备、样品及档案保存设施等；

（三）具有与其确立了合法劳动或者录用关系，且与其所申请承担登记试验范围相适应的专业技术和管理人员；

（四）建立完善的组织管理体系，配备机构负责人、质量保证部门负责人、试验项目负责人、档案管理员、样品管理员和相应的试验与工作人员等；

（五）符合农药登记试验质量管理规范，并制定了相应的标准操作规程；

（六）有完成申请试验范围相关的试验经历，并按照农药登记试验质量管理规范运行六个月以上；

（七）农业部规定的其他条件。

第六条　申请承担农药登记试验的机构应当向农业部提交以下资料：

（一）农药登记试验单位考核认定申请书；

（二）法人资格证明复印件，或者法人授权书；

（三）组织机构设置与职责；

（四）试验机构质量管理体系文件（标准操作规程）清单；

（五）试验场所、试验设施、实验室等证明材料以及仪器设备清单；

（六）专业技术和管理人员名单及相关证明材料；

（七）按照农药登记试验质量管理规范要求运行情况的说明，典型试验报告及其相关原始记录复印件。

申请资料应当同时提交纸质文件和电子文档。

第七条 农业部对申请人提交的资料进行审查，材料不齐全或者不符合法定形式的，应当当场或者在五个工作日内一次告知申请者需要补正的全部内容；申请资料齐全、符合法定形式，或者按照要求提交全部补正资料的，予以受理。

第八条 农业部对申请资料进行技术评审，所需时间不计算审批期限内，不得超过六个月。

第九条 技术评审包括资料审查和现场检查。

资料审查主要审查申请人组织机构、试验条件与能力匹配性、质量管理体系及相关材料的完整性、真实性和适宜性。

现场检查主要对申请人质量管理体系运行情况、试验设施设备条件、试验能力等情况进行符合性检查。

具体评审规则由农业部另行制定。

第十条 农业部根据评审结果在二十个工作日内作出审批决定，符合条件的，颁发农药登记试验单位证书；不符合条件的，书面通知申请人并说明理由。

第十一条 农药登记试验单位证书有效期为五年，应当载明试验单位名称、法定代表人（负责人）、住所、实验室地址、试验范围、证书编号、有效期等事项。

第十二条 农药登记试验单位证书有效期内，农药登记试验单位名称、法定代表人（负责人）名称或者住所发生变更的，应当向农业部提出变更申请，并提交变更申请表和相关证明等材料。农业部应当自受理变更申请之日起二十个工作日内作出变更决定。

第十三条 农药登记试验单位证书有效期内，有下列情形之一的，应当向农业部重新申请：

（一）试验单位机构分设或者合并的；
（二）实验室地址发生变化或者设施条件发生重大变化的；
（三）试验范围增加的；
（四）其他事项。

第十四条 农药登记试验单位证书有效期届满，需要继续从事农药登记试验的，应当在有效期届满六个月前，向农业部重新申请。

第十五条 农药登记试验单位证书遗失、损坏的，应当说明原因并提供相关证明材料，及时向农业部申请补发。

第三章 试验备案与审批

第十六条 开展农药登记试验之前，申请人应当向登记试验所在地省级农业部门备案。备案信息包括备案人、产品概述、试验项目、试验地点、试验单位、试验时间、安全防范措施等。

第十七条 开展新农药登记试验的，应当向农业部提出申请，并提交以下资料：
（一）新农药登记试验申请表；
（二）境内外研发及境外登记情况；
（三）试验范围、试验地点（试验区域）及相关说明；
（四）产品化学信息及产品质量符合性检验报告；
（五）毒理学信息；
（六）作物安全性信息；
（七）环境安全信息；
（八）试验过程中存在或者可能存在的安全隐患；
（九）试验过程需要采取的安全性防范措施；
（十）申请人身份证明文件。
申请资料应当同时提交纸质文件和电子文档。

第十八条 农业部对申请人提交的申请资料，应当根据下列情况分别作出处理：

（一）农药登记试验不需要批准的，即时告知申请者不予受理；

（二）申请资料存在错误的，允许申请者当场更正；

（三）申请资料不齐全或者不符合法定形式的，应当当场或者在五个工作日内一次告知申请者需要补正的全部内容，逾期不告知的，自收到申请资料之日起即为受理；

（四）申请资料齐全、符合法定形式，或者申请者按照要求提交全部补正资料的，予以受理。

第十九条　农业部应当自受理之日起四十个工作日内对试验安全风险及其防范措施进行审查，作出审批决定。符合条件的，准予登记试验，颁发新农药登记试验批准证书；不符合条件的，书面通知申请人并说明理由。

第二十条　新农药登记试验批准证书应当载明试验申请人、农药名称、剂型、有效成分及含量、试验范围，试验证书编号及有效期等事项。

新农药登记试验批准证书式样由农业部制定。证书编号规则为"SY+年号+顺序号"，年号为证书核发年份，用四位阿拉伯数字表示；顺序号用三位阿拉伯数字表示。

新农药登记试验批准证书有效期五年。五年之内未开展试验的，应当重新申请。

第四章　登记试验基本要求

第二十一条　农药登记试验样品应当是成熟定型的产品，具有产品鉴别方法、质量控制指标和检测方法。

申请人应当对试验样品的真实性和一致性负责。

第二十二条　申请人应当将试验样品提交所在地省级农药检定机构进行封样，提供农药名称、有效成分及其含量、剂型、样品生产日期、规格与数量、储存条件、质量保证期等信息，并附具产品质量符合性检验报告及相关谱图。

第二十三条 所封试验样品由省级农药检定机构和申请人各留存一份，保存期限不少于两年，其余样品由申请人送至登记试验单位开展试验。

第二十四条 封存试验样品不足以满足试验需求或者试验样品已超过保存期限，仍需要进行试验的，申请人应当按本办法规定重新封存样品。

第二十五条 申请人应当向农药登记试验单位提供试验样品的农药名称、含量、剂型、生产日期、储存条件、质量保证期等信息及安全风险防范措施。属于新农药的，还应当提供新农药登记试验批准证书复印件。

农药登记试验单位应当查验封样完整性、样品信息符合性。

第二十六条 农药登记试验单位接受申请人委托开展登记试验的，应当与申请人签订协议，明确双方权利与义务。

第二十七条 农药登记试验应当按照法定农药登记试验技术准则和方法进行。尚无法定技术准则和方法的，由申请人和登记试验单位协商确定，且应当保证试验的科学性和准确性。

农药登记试验过程出现重大安全风险时，试验单位应当立即停止试验，采取相应措施防止风险进一步扩大，并报告试验所在地省级农业部门，通知申请人。

第二十八条 试验结束后，农药登记试验单位应当按照协议约定，向申请人出具规范的试验报告。

第二十九条 农药登记试验单位应当将试验计划、原始数据、标本、留样被试物和对照物、试验报告及与试验有关的文字材料保存至试验结束后至少七年，期满后可移交申请人保存。申请人应当保存至农药退市后至少五年。

质量容易变化的标本、被试物和对照物留样样品等，其保存期应以能够进行有效评价为期限。

试验单位应当长期保存组织机构、人员、质量保证部门检查记录、主计划表、标准操作规程等试验机构运行与质量管理记录。

第五章　监督检查

第三十条　省级农业部门、农业部对农药登记试验单位和登记试验过程进行监督检查，重点检查以下内容：

（一）试验单位资质条件变化情况；

（二）重要试验设备、设施情况；

（三）试验地点、试验项目等备案信息是否相符；

（四）试验过程是否遵循法定的技术准则和方法；

（五）登记试验安全风险及其防范措施的落实情况；

（六）其他不符合农药登记试验质量管理规范要求或者影响登记试验质量的情况。

发现试验过程存在难以控制安全风险的，应当及时责令停止试验或者终止试验，并及时报告农业部。

发现试验单位不再符合规定条件的，应当责令改进或者限期整改，逾期拒不整改或者整改后仍达不到规定条件的，由农业部撤销其试验单位证书。

第三十一条　农药登记试验单位应当每年向农业部报送本年度执行农药登记试验质量管理规范的报告。

第三十二条　省级以上农业部门应当组织对农药登记试验所封存的农药试验样品的符合性和一致性进行监督检查，并及时将监督检查发现的问题报告农业部。

第三十三条　农药登记试验单位出具虚假登记试验报告的，依照《农药管理条例》第五十一条的规定处罚。

第六章 附 则

第三十四条 现有农药登记试验单位无法承担的试验项目,由农业部指定的单位承担。

第三十五条 本办法自2017年8月1日起施行。

在本办法施行前农业部公布的农药登记试验单位,在有效期内可继续从事农药登记试验;有效期届满,需要继续从事登记试验的,应当按照本办法的规定申请试验单位认定。

农药登记残留试验单位认证管理办法

关于印发《农药登记残留试验单位认证管理办法》的通知
农农发〔2002〕10号

各省、自治区、直辖市农业（农林、农牧）厅（局、委）：

为做好农药登记管理工作，保证农药登记残留试验的准确性和科学性，根据《农药管理条例实施办法》第五条规定，我部制定了《农药登记残留试验单位认证管理办法》。现印发给你们，请认真贯彻执行。

中华人民共和国农业部

二〇〇二年六月十九日

第一条 为做好农药登记管理工作，保证农药登记残留试验的准确性和科学性，根据《农药管理条例实施办法》第五条对农药登记试验单位实行认证制度的规定，制定本办法。

第二条 农业部负责组织农药登记残留试验单位认证管理工作，并对认证合格的单位发放资格证书。

农业部农药检定所承担具体工作。

第三条 农药登记残留试验单位认证工作坚持公正、公平、公开的原则。认证的范围和数量，根据农药登记残留试验工作任务确定。

第四条 申请认证的农药登记残留试验单位应具备下列条件：

（一）具有独立法人资格的农业、科研、教学等从事农药残留试验工作的单位。

（二）残留实验室与其他常规实验室分开；无污染源（粉尘、烟雾、震动、噪声、辐射等），有完善的安全防护设施（防毒、防火、防爆等）。

（三）拥有一定数量的技术人员（技术人员占85%以上，其中中级以上技术人员超过60%）；能熟练掌握"农药残留试验准则"等有关规定和要求；有独立完成农药残留试验工作的经验；有一定的外语基础，了解国内外有关信息、动态；有严格的工作作风和良好的职业道德，试验不受人为因素影响，确保试验结果科学、真实。

（四）具有残留检测仪器设备，包括检测仪器（气谱—ECD、FPD、NPD；液谱—UV、FD、PAD；气质联用等）配置及运转情况；配套设备（提取、净化、浓缩、样本加工、储存条件及数据处理系统等）。

（五）建立有完善的管理制度和工作程序，包括检测仪器及量具计量检定、校正状况（主要检测仪器、天平等）；技术档案（试验计划、试验数据处理原始记录、总结报告、仪器购置、验收、使用、维修记录等）；人员培训、考核、业绩等档案。试验管理、试验资料归档、农药样品管理、技术人员管理制度等。

第五条 申请认证的农药登记残留试验单位在申请资格认证时应填写申请表，并提交下列资料。

（一）实验室设施和办公条件情况。

（二）相关仪器设备清单及使用情况。

（三）完成相关工作的历史资料总结。

（四）技术人员情况。

（五）管理制度及其他参考资料。

第六条 农业部农药检定所负责认证申请资料的受理和审查。对符合条件的，提请专家组会议评审。

第七条 农业部农药检定所负责组织成立专家组。专家组每届任期3年。

专家组负责对申请认证的农药登记残留试验单位申请资料进行技术评审。技术评审包括对申请资料的审查和对申请单位的现场评审。

技术评审的具体考核内容和指标见有关文件。

第八条 农业部农药检定所根据专家组的评审意见,对通过评审的申请单位报农业部批准后,发放农药登记残留试验单位资格证书,并予以公布。

第九条 农药登记残留试验单位资格证书有效期为三年。期满需继续承担残留试验的,应在资格证书有效期满前六个月,向农业部农药检定所提出续展申请。

农业部农药检定所对审查通过的续展申请,报农业部批准后,换发农药登记残留试验单位资格证书。

第十条 农业部农药检定所应对通过认证的农药登记残留试验单位的试验人员,组织必要的技术培训。

第十一条 农业部农药检定所负责对通过认证的农药登记残留试验单位进行监督管理。

第十二条 通过认证的农药登记残留试验单位应当按照农药登记要求和《农药残留试验准则》及有关规定完成农药残留试验。

第十三条 通过认证的农药登记残留试验单位要及时完成试验报告。试验报告应客观、真实。试验报告应有主持人员(中级以上职称)签字并加盖试验单位公章。

第十四条 通过认证的农药登记残留试验单位应与试验委托人(生产者)签订试验协议。

第十五条 通过认证的农药登记残留试验单位应将所要承担的农药登记残留试验情况,告知农业部农药检定所。

第十六条 通过认证的农药登记残留试验单位年终应以书面形式对全年的残留试验工作进行全面总结,报农业部农药检定所。

第十七条 对有下列行为的农药登记残留试验认证单位,给予警告;情节严重的,取消其认证资格。违反其它法律法规的,依照相关规定追究其法律责任。

(一)泄露企业要求保密的技术资料、试验内容和试验结果;

(二)编造或修改数据,提供假报告;

(三)代签其他单位和人员试验报告;

(四)无特殊原因不履行试验协议,逾期不向企业提交试验报告,延误企业办理登记;

(五)违反其他试验管理规定。

第十八条 本办法自8月1日起执行。按原有规定认可的农药残留试验单位,需继续承担试验的,应当在2002年10月1日前依照本办法的规定重新办理手续,取得试验资格。

农药登记环境试验单位管理办法

中华人民共和国农业部公告

第374号

为进一步规范农药登记管理工作，保证农药登记环境试验的准确性和科学性，根据《农药管理条例实施办法》第五条的规定，我部制定了《农药登记环境试验单位管理办法》，现予公告。

中华人民共和国农业部
二〇〇四年五月十四日

第一条 为做好农药登记管理工作，保证农药登记环境试验的准确性和科学性，根据《农药管理条例实施办法》第五条对农药登记试验单位实行管理的规定，制定本办法。

第二条 农业部在农药登记审批中，委托具备条件的农药登记环境试验单位承担环境试验工作。

农业部对农药登记环境试验单位实行资格考核，通过资格考核的，发给农药登记环境试验单位委托证书。农业部农药检定所承担农药登记环境试验单位资格考核和委托试验的具体工作。

第三条 农药登记环境试验单位资格考核和委托试验工作坚持科学、公正、公平的原则。根据农药登记环境试验工作任务确定承担试验单位的范围和数量。

第四条 申请承担农药登记环境试验的单位（以下称申请承担试验单位）应具备下列条件：

（一）具有独立法人资格的农业、环保、科研、教学等从事农药环境试验工作的单位。

（二）环境实验室无污染源（粉尘、烟雾、震动、噪声、辐射等），有完善的安全防护设施（防毒、防火、防爆等）。

（三）拥有一定数量的技术人员（技术人员占工作人员的85%以上，其中中级以上技术人员不得少于60%）；能熟练掌握农药环境安全评价试验等有关规定和要求；有独立完成农药环境试验工作的经验；有一定的外语基础，了解国内外有关信息、动态；有严格的工作作风和良好的职业道德，确保试验结果科学、真实。

（四）具有环境检测仪器设备和设施，包括环境行为试验的检测仪器设备，配套设施（样本处理、储存条件及数据处理系统等）；环境毒理试验必备的设备、试材以及试材的培养。

（五）建立有完善的管理制度和工作程序，包括检测仪器及量具计量检定、校正状况（主要检测仪器、天平等）；试材的标准化（试材品系、纯度等）；技术档案（试验计划、试验数据处理原始记录、总结报告、仪器购置、验收、使用、维修记录等）；人员培训、考核、业绩等档案。试验管理、试验资料归档、农药样品管理、技术人员管理制度等。

第五条 申请承担试验单位可以分别或同时申请承担环境行为和环境毒理试验资格。申请承担试验单位应填写申请表，并提交下列资料：

（一）实验室设施和办公条件情况；

（二）相关仪器设备清单及使用情况；

（三）相关实验材料的种类及标准化情况；

（四）完成相关工作的历史资料总结；

（五）技术人员情况；

（六）管理制度及其他参考资料。

第六条 农业部农药检定所受理和审查承担试验申请资料。资料齐全的,提请专家组会议评审。

第七条 农业部农药检定所负责组织成立专家组。

专家组负责对申请承担试验单位分别进行环境行为和环境毒理技术评审。技术评审包括对申请资料的审查和对申请单位的现场评审。

环境行为试验承担单位资格考核内容和指标、环境毒理试验承担单位资格考核内容和指标见有关文件。

第八条 农业部农药检定所根据专家组的评审意见,对通过评审的申请单位报农业部批准后,由农业部发放农药登记环境试验单位委托证书,并予以公布。

第九条 农药登记环境试验单位委托证书有效期为三年。期满需继续承担环境试验的,应在资格证书有效期满前6个月,向农业部农药检定所提出续展申请。

农业部农药检定所对审查通过的续展申请,报农业部批准后,换发农药登记环境试验单位委托证书。

第十条 农业部农药检定所负责对取得委托证书的农药登记环境试验单位进行监督管理。

第十一条 取得委托证书的农药登记环境试验单位应当按照农药登记要求和农药环境安全评价试验准则等有关规定完成农药环境试验。

第十二条 取得委托证书的农药登记环境试验单位要及时完成受委托的试验。出具的试验报告应客观、真实。试验报告应有主持人员(中级以上职称)签字并加盖试验单位公章。

第十三条 取得委托证书的农药登记环境试验单位应与试验委托人(生产者)签订试验协议。

第十四条 取得委托证书的农药登记环境试验单位应将所承担

的农药登记环境试验情况，分阶段报农业部农药检定所。

第十五条 取得委托证书的农药登记环境试验单位年终应以书面形式对全年的环境试验工作进行全面总结，报农业部农药检定所。

第十六条 对有下列行为的取得委托证书的农药登记环境试验单位，给予警告；情节严重的，取消其委托试验资格；违反其它法律法规的，依照相关规定追究其法律责任：

（一）泄露企业要求保密的技术资料、试验内容和试验结果的；

（二）编造或修改数据，提供假报告的；

（三）代签其他单位和人员试验报告的；

（四）无特殊原因不履行试验协议，逾期不向企业提交试验报告，延误企业办理登记的；

（五）违反其他试验管理规定的。

第十七条 本办法自2004年7月1日起执行。

关于加强农药行业管理的有关规定

化计发〔1996〕200号

（1996年3月27日化工部发布）

为进一步加强农药行业管理，严格执行农药产业政策，进一步搞好农药生产、建设和利用外资工作，确保我国农药工业沿着健康轨道发展，现对加强农药行业管理作如下重申和规定。

一、农药生产继续实行核准制度。

根据农药生产和使用的特殊性，按照《国务院关于贯彻国家产业政策对若干产品生产能力的建设和改造加强管理的通知》，化工部对农药生产继续实行核准制度。农药生产核准范围包括：

1. 新增原药生产（包括老的生产点上原药）。

2. 新开农药生产厂点（包括分装、制剂加工）及联营办分厂。

3. 外商来华投资农药项目。凡未经化工部核准的项目，一律不得建设、生产。严禁未经核准，擅自进行项目的建设。凡擅自进行项目前期工作或先建起生产装置，后来要求补办核准手续的，化工部将不予办理其核准和有关农药登记手续。

二、申报农药核准条件：

1. 符合国家产业政策及农药发展规划的方向和布局。

2. 具备合法的农药生产技术、装备及相应的技术人员、生产管理条件。

3. 具备完善的检测、分析手段和质量管理体系（包括标准化、计量）。

4. 具备可信的"三废"处理设施，做到"三废"达标排放。

5. 具备完善的安全卫生设施，通过化工毒物登记。

三、核准程序：

符合申报条件的企业，由省、自治区、直辖市化工厅（局、公司）上报化工部。各省、自治区、直辖市化工厅（局、公司）必须指定一个处室负责核准申报工作，其他处室不得办理核准申报。计划单列市的农药核准申报手续由所在省厅统一办理。同一原药品种，原则上在一个省内不得重复布点。

化工部对各省上报的核准报告将定期集中讨论和核准。每年在3月和9月分两批各办理一次，需核准的项目和企业由省厅至少提前一个月报到化工部。

四、为控制新增农药原药厂点，对现有农药原药生产厂点已经过多的省份，应进行清理整顿，今后原则上不予核准新开原药生产点（包括现在制剂加工及分装厂点上原药），也不得借办联营、搞分装厂等形式新布农药生产厂点。

五、农药合资项目，必须符合国家产业政策及农药发展规划的方向和布局。鼓励外商来华合资、合作生产高效、低毒、安全的农药新品种并提供先进技术与设备。外商一般不得在华独资建设农药项目。所投资的项目，必须坚持在首期工程中就引进先进的原药、关键中间体的合成技术。

严禁投资建设有污染和只搞制剂加工、分装的项目以及仅提供资金而未引进新品种或新技术的合资项目。原则上不同意外商投资建设本规定第六条所列的农药品种，对部分市场无冲突，工艺技术有较大改进的我国已有生产的品种，必须在现有基础较好的企业改造发展。合资项目中，原药和制剂作为两个项目的，中方在制剂项目中的股份比例不得低于原药项目中的股份比例。凡对外合资合作的农药项目，地方和企业必须在与外商签订意向协议前就向化工部通报、备案，符合农药工业产业政策的，按程序报化工部核准以后方可对外签约和建设、生产。

六、对药效差、毒性高，以及厂点多或生产能力已经过剩生产工艺又无重大改进的产品，为制止重复建设，不予办理核准，也不予办理有关农药登记手续。这些产品是：敌百虫、敌敌畏、乐果、氧乐果、甲胺磷、久效磷、水胺硫磷、甲基对硫磷（甲基1605）、对硫磷（1605）、甲基异柳磷、辛硫磷、甲拌磷（3911）、三唑磷、马拉硫磷、杀螟硫磷、三氯杀虫酯、速灭威、混灭威、噻嗪酮、克百威、灭多威、氰戊菊酯、甲氰菊酯、三氯杀螨醇、哒螨灵、双甲脒、单甲脒、磷化铝、磷化锌、敌鼠钠盐、氯敌鼠、杀鼠灵、毒鼠磷、溴代毒鼠磷、杀鼠迷、溴敌隆、杀螟腈（苏化203）、溴丙磷、抗蚜威、氯化苦、溴甲烷、杀虫双、氯氰菊酯、五氯酚钠、敌敌涕、林丹、苏云金杆菌、稻瘟净、异稻瘟净、恶唑烷酮、甲基硫菌灵、烯唑醇、三环唑、多菌灵、三唑酮、叶青双、代森类杀菌剂、福美类杀菌剂、甲基砷酸锌、甲基砷酸铁铵、乙磷铝、五氯酚、井冈霉素、除草醚、2,4—滴类除草剂、2甲4氯、丁草胺、阿特拉津、乙草胺、草甘膦、现有磺酰脲类除草剂品种、二氯喹啉酸、助壮素（缩节胺）、乙烯利、赤霉素、多效唑以及国家明令禁止或严格限制生产和使用的品种。

以上品种将视情况作不定期调整。

七、所有科研、设计、生产单位或个人，都必须坚决贯彻执行国家产业政策和有关规定，属于核准范围内的项目，未经化工部核准，不得转让农药原药、制剂加工及复合配方的技术。

八、进一步加强生产许可证和准产证管理。农药生产必须有生产许可证或准产证，已由我部发放生产许可证的品种，各地不得另发准产证或临时准产证。持证企业只准生产该证限定的品种和规格，不得一证多用，生产限定以外的品种。各省、自治区、直辖市化工厅（局、公司）要有计划地对已批准发放生产许可证和准产证的企业进行抽查，凡不符合发证条件或限期整改不合格的，要收回或吊销其生产许可证或准产证，对于已经吊销生产许可证或准产证以及处于整改期间的企业，在没有恢复其生产许可证或准产证之前，一律不得进行农药的新建、扩建和改造。

九、严格执行由农业、化工、卫生等六个部门颁布的《农药登记的规定》及原农牧渔业部颁布的《农药登记规定的实施细则》，凡未获准农药登记的农药，不准生产、销售和使用；已有《农药登记证》的单位，只准生产该登记证所规定的品种和剂型、规格；禁止一切假冒行为，不准冒用其他企业的农药登记证号，也不准将本企业一个产品的登记证号用于其他品种和规格。

十、生产农药必须严格执行产品质量标准。有国家标准或行业标准的，企业必须遵照执行；没有全国统一标准的，应当制订企业标准，并按规定到当地主管部门备案。出厂产品必须有产品质量检验合格证，否则不准销售。

关于加强农药行业管理和技术保护的若干规定

(1994年2月16日化工部发布)

农药技术保护是化工行业知识产权保护的一个突出重点。加强农药技术保护工作，对充分调动国内广大农药科技人员发明创造的积极性，提高农药科研开发水平，建立农药自主开发创制机制，促进农药技术市场的形成和扩大农药领域的国际交流与合作，都具有十分重要的意义。为了适应我国加强知识产权保护的需要，加强农药行业管理和技术保护工作，更好地促进农药工业持续、快速、健康地发展，特作出以下规定。

一、关于农药新品种的研制

1. 农药科研开发工作要把自主开发创制与借鉴国外先进技术结合起来，在积极开发创制农药新品种的过程中，注意借鉴国外先进技术，灵活运用专利战略。在选题时要做好专利文献检索工作，查明所利用技术的专利状态，包括是否属于专利技术、专利国别、专利期限以及有否申请获得我国专利或行政保护的可能等。

2. 要根据有关技术的专利状态，区别不同情况，采取相应的对策。

（1）对于已在我国获得专利或行政保护的技术，在有效期内不得侵权，如需使用可与有关独占权人签订技术许可或转让协议；如在研究和实验活动中使用有关技术的，严禁在其专利或行政保护有效期内使用该技术制造、销售产品。

（2）对于在国外已获得专利、且有可能获得我国专利或行政保护、但尚未向我国提出申请的技术，应密切跟踪了解其动态，在研制中尽量绕开专利，同时严格做好保密工作。

（3）如所使用的技术，其独占权人已向我国申请专利或行政保护的，在有关部门做出不予保护决定之前，一般应暂停使用。

（4）对于在国外获得专利、但已不可能获得我国专利或行政保护的技术，在直接加以研制使用时，应当注意宣传口径，防止在商标等其他方面发生侵权。

3. 科研工作完成后，有关人员须将研究结果准确、完整、及时地以书面形式向本单位报告。需申请专利的项目，必须及时办理申请专利手续；

对不宜申请专利的技术成果，可作为技术秘密予以保护。

4. 农药生产、科研单位与国内其他单位和国外公司或个人进行农药技术合作研究开发时，应当签订书面合同，并必须具备保护知识产权条款。

二、关于农药技术的转让

5. 农药技术转让方必须保证所转让的生产技术成熟可靠，符合高效、安全、经济的发展方向。农药新品种及其中试成果和农药新制剂成果，须经有关部门组织鉴定通过后，方能转让。

6. 农药技术转让方必须是所转让生产技术的合法所有者，其转让行为不得侵害有关第三方的合法权益。

7. 受让的生产企业必须按有关规定取得生产该农药产品的生产许可证或准产证和农药登记证，且有明确的产品质量标准及检测手段等，"三废"治理和劳动保护必须符合要求。

8. 农药技术转让或许可必须签订合同，依法具体规定合同双方的权利和义务，并严格履行合同。

9. 根据单位工作安排或者利用单位物质条件和资料研制开发的职务发明成果，任何个人（包括研制发明者个人）都不得利用职权、工作之便或采用其他不正当手段，未经单位允许以任何形式向外单位转让、扩散。

三、关于农药新品种的生产建设

10. 投产农药新品种，必须符合国家有关法律和产业政策。各地新建农药生产企业，或者农药生产企业投产农药新品种、新制剂，都需经所在省、自治区、直辖市化工厅局审查同意，说明技术来源，报化工部批准，并办理农药生产许可证或准产证。

11. 农药新品种投产前，必须按《农药登记规定》取得登记证。

四、关于农药技术的保密和广告宣传

12. 各农药科研、生产单位应根据本单位的实际情况制订保护知识产权的规章制度，并广泛宣传，严格执行。

13. 农药科研、生产单位的所有人员都有保护本单位知识产权的义务。在国内外学术交流活动中，包括讲学、访问、参加会议、参观、咨询、通信等，对本单位未公开的技术信息和资料等，都要按照有关规定严格保密。

14. 在离休、退休、停薪留职、辞职或调离的职工离开单位时，有关单位应将其从事农药科技工作所掌握的实验设备、产品和属于保密范畴的技术资料、实验材料等全部收回。

15. 农药科研、生产单位要建立参观访问管理制度。要指定路线和范围，有组织地安排到本单位的参观访问。

16. 农药产品宣传广告内容应与农药登记证相符，并符合《广告管理条例》的有关规定。农药广告宣传不得做出关于安全性的断言；不得发表使人对产品效力产生错觉的言论；如无明确依据，不得做出任何保证或隐含保证。

17. 对于可能获得我国行政保护，但尚未提出申请的国外农药新品种技术，农药科研、生产单位就相似技术已经研制成功的，要加强广告宣传，尽快通过正常的商业渠道上市。

五、关于农药行业管理工作

18. 农药主管部门对涉及专利或行政保护技术的农药开发项目，

要采取特殊的严格管理措施,建立专门的批准、备案制度。

19. 农药科研、生产单位要积极支持、配合化工专利管理和行政保护评审部门的工作,必须按要求如实、全面地汇报有关研究、建设、生产情况,同时反映本单位的意见,供有关部门决策时参考。化工专利管理和行政保护评审部门应建立相应的保密制度,对农药科研、生产单位汇报中涉及的情况严格加以保密。

农药标签和说明书管理办法

中华人民共和国农业部令

2017 年第 7 号

《农药标签和说明书管理办法》已经农业部 2017 年第 6 次常务会议审议通过，现予公布，自 2017 年 8 月 1 日起施行。

农业部部长

2017 年 6 月 21 日

第一章 总 则

第一条 为了规范农药标签和说明书的管理，保证农药使用的安全，根据《农药管理条例》，制定本办法。

第二条 在中国境内经营、使用的农药产品应当在包装物表面印制或者贴有标签。产品包装尺寸过小、标签无法标注本办法规定内容的，应当附具相应的说明书。

第三条 本办法所称标签和说明书，是指农药包装物上或者附于农药包装物的，以文字、图形、符号说明农药内容的一切说明物。

第四条 农药登记申请人应当在申请农药登记时提交农药标签样张及电子文档。附具说明书的农药，应当同时提交说明书样张及电子文档。

第五条 农药标签和说明书由农业部核准。农业部在批准农药登记时公布经核准的农药标签和说明书的内容、核准日期。

第六条 标签和说明书的内容应当真实、规范、准确，其文字、符号、图形应当易于辨认和阅读，不得擅自以粘贴、剪切、涂改等方式进行修改或者补充。

第七条 标签和说明书应当使用国家公布的规范化汉字，可以同时使用汉语拼音或者其他文字。其他文字表述的含义应当与汉字一致。

第二章 标注内容

第八条 农药标签应当标注下列内容：

（一）农药名称、剂型、有效成分及其含量；

（二）农药登记证号、产品质量标准号以及农药生产许可证号；

（三）农药类别及其颜色标志带、产品性能、毒性及其标识；

（四）使用范围、使用方法、剂量、使用技术要求和注意事项；

（五）中毒急救措施；

（六）储存和运输方法；

（七）生产日期、产品批号、质量保证期、净含量；

（八）农药登记证持有人名称及其联系方式；

（九）可追溯电子信息码；

（十）像形图；

（十一）农业部要求标注的其他内容。

第九条 除第八条规定内容外，下列农药标签标注内容还应当符合相应要求：

（一）原药（母药）产品应当注明"本品是农药制剂加工的原材料，不得用于农作物或者其他场所。"且不标注使用技术和使用方法。但是，经登记批准允许直接使用的除外；

（二）限制使用农药应当标注"限制使用"字样，并注明对使用的特别限制和特殊要求；

（三）用于食用农产品的农药应当标注安全间隔期，但属于第十八条第三款所列情形的除外；

（四）杀鼠剂产品应当标注规定的杀鼠剂图形；

（五）直接使用的卫生用农药可以不标注特征颜色标志带；

（六）委托加工或者分装农药的标签还应当注明受托人的农药生产许可证号、受托人名称及其联系方式和加工、分装日期；

（七）向中国出口的农药可以不标注农药生产许可证号，应当标注其境外生产地，以及在中国设立的办事机构或者代理机构的名称及联系方式。

第十条 农药标签过小，无法标注规定全部内容的，应当至少标注农药名称、有效成分含量、剂型、农药登记证号、净含量、生产日期、质量保证期等内容，同时附具说明书。说明书应当标注规定的全部内容。

登记的使用范围较多，在标签中无法全部标注的，可以根据需要，在标签中标注部分使用范围，但应当附具说明书并标注全部使用范围。

第十一条 农药名称应当与农药登记证的农药名称一致。

第十二条 联系方式包括农药登记证持有人、企业或者机构的住所和生产地的地址、邮政编码、联系电话、传真等。

第十三条 生产日期应当按照年、月、日的顺序标注，年份用四位数字表示，月、日分别用两位数表示。产品批号包含生产日期的，可以与生产日期合并表示。

第十四条 质量保证期应当规定在正常条件下的质量保证期限，质量保证期也可以用有效日期或者失效日期表示。

第十五条 净含量应当使用国家法定计量单位表示。特殊农药产品，可根据其特性以适当方式表示。

第十六条 产品性能主要包括产品的基本性质、主要功能、作用特点等。对农药产品性能的描述应当与农药登记批准的使用范围、使用方法相符。

第十七条 使用范围主要包括适用作物或者场所、防治对象。

使用方法是指施用方式。

使用剂量以每亩使用该产品的制剂量或者稀释倍数表示。种子处理剂的使用剂量采用每100公斤种子使用该产品的制剂量表示。特殊用途的农药，使用剂量的表述应当与农药登记批准的内容一致。

第十八条　使用技术要求主要包括施用条件、施药时期、次数、最多使用次数，对当茬作物、后茬作物的影响及预防措施，以及后茬仅能种植的作物或者后茬不能种植的作物、间隔时间等。

限制使用农药，应当在标签上注明施药后设立警示标志，并明确人畜允许进入的间隔时间。

安全间隔期及农作物每个生产周期的最多使用次数的标注应当符合农业生产、农药使用实际。下列农药标签可以不标注安全间隔期：

（一）用于非食用作物的农药；

（二）拌种、包衣、浸种等用于种子处理的农药；

（三）用于非耕地（牧场除外）的农药；

（四）用于苗前土壤处理剂的农药；

（五）仅在农作物苗期使用一次的农药；

（六）非全面撒施使用的杀鼠剂；

（七）卫生用农药；

（八）其他特殊情形。

第十九条　毒性分为剧毒、高毒、中等毒、低毒、微毒五个级别，分别用"标识"和"剧毒"字样、"标识"和"高毒"字样、"标识"和"中等毒"字样、"标识"、"微毒"字样标注。标识应当为黑色，描述文字应当为红色。

由剧毒、高毒农药原药加工的制剂产品，其毒性级别与原药的最高毒性级别不一致时，应当同时以括号标明其所使用的原药的最高毒性级别。

第二十条　注意事项应当标注以下内容：

（一）对农作物容易产生药害，或者对病虫容易产生抗性的，应当标明主要原因和预防方法；

（二）对人畜、周边作物或者植物、有益生物（如蜜蜂、鸟、蚕、蚯蚓、天敌及鱼、水蚤等水生生物）和环境容易产生不利影响的，应当明确说明，并标注使用时的预防措施、施用器械的清洗要求；

（三）已知与其他农药等物质不能混合使用的，应当标明；

（四）开启包装物时容易出现药剂撒漏或者人身伤害的，应当标明正确的开启方法；

（五）施用时应当采取的安全防护措施；

（六）国家规定禁止的使用范围或者使用方法等。

第二十一条 中毒急救措施应当包括中毒症状及误食、吸入、眼睛溅入、皮肤沾附农药后的急救和治疗措施等内容。

有专用解毒剂的，应当标明，并标注医疗建议。

剧毒、高毒农药应当标明中毒急救咨询电话。

第二十二条 储存和运输方法应当包括储存时的光照、温度、湿度、通风等环境条件要求及装卸、运输时的注意事项，并标明"置于儿童接触不到的地方"、"不能与食品、饮料、粮食、饲料等混合储存"等警示内容。

第二十三条 农药类别应当采用相应的文字和特征颜色标志带表示。

不同类别的农药采用在标签底部加一条与底边平行的、不褪色的特征颜色标志带表示。

除草剂用"除草剂"字样和绿色带表示；杀虫（螨、软体动物）剂用"杀虫剂"或者"杀螨剂"、"杀软体动物剂"字样和红色带表示；杀菌（线虫）剂用"杀菌剂"或者"杀线虫剂"字样和黑色带表示；植物生长调节剂用"植物生长调节剂"字样和深黄色带表示；杀鼠剂用"杀鼠剂"字样和蓝色带表示；杀虫/杀菌剂用"杀虫/杀菌剂"字样、红色和黑色带表示。农药类别的描述文字应当镶嵌在标志带上,颜色与其形成明显反差。其他农药可以不标注特征颜色标志带。

第二十四条 可追溯电子信息码应当以二维码等形式标注,能够扫描识别农药名称、农药登记证持有人名称等信息。信息码不得含有违反本办法规定的文字、符号、图形。

可追溯电子信息码格式及生成要求由农业部另行制定。

第二十五条 像形图包括储存像形图、操作像形图、忠告像形图、警告像形图。像形图应当根据产品安全使用措施的需要选择,并按照产品实际使用的操作要求和顺序排列,但不得代替标签中必要的文字说明。

第二十六条 标签和说明书不得标注任何带有宣传、广告色彩的文字、符号、图形,不得标注企业获奖和荣誉称号。法律、法规或者规章另有规定的,从其规定。

第三章 制作、使用和管理

第二十七条 每个农药最小包装应当印制或者贴有独立标签,不得与其他农药共用标签或者使用同一标签。

第二十八条 标签上汉字的字体高度不得小于1.8毫米。

第二十九条 农药名称应当显著、突出,字体、字号、颜色应当一致,并符合以下要求:

(一)对于横版标签,应当在标签上部三分之一范围内中间位置显著标出;对于竖版标签,应当在标签右部三分之一范围内中间位置显著标出;

(二)不得使用草书、篆书等不易识别的字体,不得使用斜体、中空、阴影等形式对字体进行修饰;

(三)字体颜色应当与背景颜色形成强烈反差;

(四)除因包装尺寸的限制无法同行书写外,不得分行书写。

除"限制使用"字样外，标签其他文字内容的字号不得超过农药名称的字号。

第三十条 有效成分及其含量和剂型应当醒目标注在农药名称的正下方（横版标签）或者正左方（竖版标签）相邻位置（直接使用的卫生用农药可以不再标注剂型名称），字体高度不得小于农药名称的二分之一。

混配制剂应当标注总有效成分含量以及各有效成分的中文通用名称和含量。各有效成分的中文通用名称及含量应当醒目标注在农药名称的正下方（横版标签）或者正左方（竖版标签），字体、字号、颜色应当一致，字体高度不得小于农药名称的二分之一。

第三十一条 农药标签和说明书不得使用未经注册的商标。

标签使用注册商标的，应当标注在标签的四角，所占面积不得超过标签面积的九分之一，其文字部分的字号不得大于农药名称的字号。

第三十二条 毒性及其标识应当标注在有效成分含量和剂型的正下方（横版标签）或者正左方（竖版标签），并与背景颜色形成强烈反差。

像形图应当用黑白两种颜色印刷，一般位于标签底部，其尺寸应当与标签的尺寸相协调。

安全间隔期及施药次数应当醒目标注，字号大于使用技术要求其他文字的字号。

第三十三条 "限制使用"字样，应当以红色标注在农药标签正面右上角或者左上角，并与背景颜色形成强烈反差，其字号不得小于农药名称的字号。

第三十四条 标签中不得含有虚假、误导使用者的内容，有下列情形之一的，属于虚假、误导使用者的内容：

（一）误导使用者扩大使用范围、加大用药剂量或者改变使用方法的；

（二）卫生用农药标注适用于儿童、孕妇、过敏者等特殊人群的文字、符号、图形等；

（三）夸大产品性能及效果、虚假宣传、贬低其他产品或者与其他产品相比较，容易给使用者造成误解或者混淆的；

（四）利用任何单位或者个人的名义、形象作证明或者推荐的；

（五）含有保证高产、增产、铲除、根除等断言或者保证，含有速效等绝对化语言和表示的；

（六）含有保险公司保险、无效退款等承诺性语言的；

（七）其他虚假、误导使用者的内容。

第三十五条　标签和说明书上不得出现未经登记批准的使用范围或者使用方法的文字、图形、符号。

第三十六条　除本办法规定应当标注的农药登记证持有人、企业或者机构名称及其联系方式之外，标签不得标注其他任何企业或者机构的名称及其联系方式。

第三十七条　产品毒性、注意事项、技术要求等与农药产品安全性、有效性有关的标注内容经核准后不得擅自改变，许可证书编号、生产日期、企业联系方式等产品证明性、企业相关性信息由企业自主标注，并对真实性负责。

第三十八条　农药登记证持有人变更标签或者说明书有关产品安全性和有效性内容的，应当向农业部申请重新核准。

农业部应当在三个月内作出核准决定。

第三十九条　农业部根据监测与评价结果等信息，可以要求农药登记证持有人修改标签和说明书，并重新核准。

农药登记证载明事项发生变化的，农业部在作出准予农药登记变更决定的同时，对其农药标签予以重新核准。

第四十条　标签和说明书重新核准三个月后，不得继续使用原标签和说明书。

第四十一条 违反本办法的，依照《农药管理条例》有关规定处罚。

第四章 附 则

第四十二条 本办法自 2017 年 8 月 1 日起施行。2007 年 12 月 8 日农业部公布的《农药标签和说明书管理办法》同时废止。

现有产品标签或者说明书与本办法不符的，应当自 2018 年 1 月 1 日起使用符合本办法规定的标签和说明书。

农药广告审查办法

中华人民共和国国家工商行政管理局、农业部令
第 88 号

为了贯彻《行政处罚法》和《国务院关于贯彻实施〈中华人民共和国行政处罚法〉的通知》精神，促进依法行政，国家工商行政管理局、农业部对《兽药广告审查办法》、《农药广告审查办法》中超越《行政处罚法》规定处罚权限的内容进行了修改。现将修改内容予以公布，自公布之日起施行。

中华人民共和国国家工商行政管理局　农业部
1998 年 12 月 22 日

（1995 年 4 月 7 日中华人民共和国国家工商行政管理局、农业部令第 30 号发布；根据 1998 年 12 月 22 日中华人民共和国国家工商行政管理局、农业部令第 88 号修正）

第一条　根据《中华人民共和国广告法》和国家有关规定，制定本办法。

第二条　凡利用各种媒介或形式发布关于防治农、林、牧业病、虫、草、鼠害和其他有害生物（包括病媒害虫）以及调节植物、昆虫生长的农药广告，均应当按照本办法进行审查。

第三条　农药广告审查的依据：

（一）《中华人民共和国广告法》；

（二）《农药登记规定》及国家有关农药管理的法规；

（三）国家有关广告管理的行政法规及广告监督管理机关制定的广告审查标准。

第四条 国务院农业行政主管部门和省、自治区、直辖市农业行政主管部门（以下简称省级农业行政主管部门）在同级广告监督管理机关的指导下，对农药广告进行审查。

第五条 通过重点媒介发布的农药广告和境外生产的农药的广告，需经国务院农业行政主管部门审查批准，并取得农药广告审查批准文号后，方可发布。

其他农药广告，需经广告主所在地省级农业行政主管部门审查批准；异地发布，须向广告发布地省级农业行政主管部门备案后，方可发布。

第六条 农药广告审查的申请：

（一）申请审查境内生产的农药的广告，应当填写《农药广告审查表》，并提交下列证明文件：

1. 农药生产者和申请人的营业执照副本及其他生产、经营资格的证明文件；

2. 农药生产许可证或准产证；

3. 农药登记证、产品标准号、农药产品标签；

4. 法律、法规规定的及其他确认广告内容真实性的证明文件。

（二）申请审查境外生产的农药的广告，应当填写《农药广告审查表》，并提交下列证明文件及相应的中文译本：

1. 农药生产者和申请人的营业执照副本或其他生产、经营资格的证明文件；

2. 中华人民共和国农业行政主管部门颁发的农药登记证、农药产品标签；

3. 法律、法规规定的及其他确认广告内容真实性的证明文件。

提供体条规定的证明文件复印件,需由原出证明机关签章或者出具所在国(地区)公证机关的证明文件。

第七条　农药广告的审查:

(一)初审。农药广告审查机关对申请人提供的证明文件的真实性、有效性、合法性、完整性和广告制作前文稿的真实性、合法性进行审查。在受理广告申请之日起七日内做出初审决定,并发给《农药广告初审决定通知书》。

(二)终审。申请人凭初审合格决定,将制作的广告作品送交原农药广告审查机关进行终审,农药广告审查机关在受理之日起七日内做出终审决定。对终审合格者,签发《农药广告审查表》,并发给农药广告审查批准文号。对终审不合格者,应当通知广告申请人,并说明理由。

广告申请人可以直接申请终审。广告审查机关应当在受理申请之日起十日内,做出终审决定。

农药广告审查机关应当将通过终审的《农药广告审查表》送同级广告监督管理机关备查。

申请农药广告审查,可以委托农药经销者或者广告经营者办理。

第八条　农药广告审查批准文号的有效期为一年。

第九条　经审查批准的农药广告,有下列情况之一的,原广告审查机关应当调回复审:

(一)在使用中对人畜、环境有严重危害的;

(二)国家有新的规定的;

(三)国家农药广告审查机关发现省级广告审查机关的审查不妥的;

(四)广告监督管理机关提出复审建议的;

(五)广告审查机关认为应当复审的其他情况。

复审期间,广告停止发布。

第十条 经审查批准的农药广告,有下列情况之一的,应当重新申请审查:

(一)农药广告审查批准文号有效期届满;

(二)农药广告内容更改。

第十一条 经审查批准的农药广告,有下列情况之一的,由原广告审查机关收回《农药广告审查表》,其广告审查批准文号作废:

(一)该农药产品被撤销农药登记证生产许可证(或准产证);

(二)发现该农药产品有严重质量问题;

(三)要求重新申请审查而未申请或者重新申请审查不合格;

(四)广告监督管理机关已立案进行查处。

第十二条 广告审查批准文号作废后,农药广告审查机关应当将有关材料送同级广告监督管理机关备查。

第十三条 农药广告经审查批准后,应当将广告审查批准文号列为广告内容同时发布。未标明广告审查批准文号、广告审查批准文号已过期或者已被撤销的广告,广告发布者不得发布。

第十四条 广告发布地的广告审查机关对原广告审查机关的审查结果有异议的,应当提请上一级广告审查机关裁定。审查结果以裁定结论为准。

第十五条 广告发布者发布农药广告,应当查验《农药广告审查表》原件或者经广告审查机关签章的复印件,并保存一本。

第十六条 对违反本办法规定发布农药广告的,按照《中华人民共和国广告法》第四十三条的规定予以处罚。

第十七条 广告审查机关违反广告审查依据,做出审查批准决定,致使违法广告发布的,由国家广告监督管理机关向国务院农业行政主管部门通报情况,按照《中华人民共和国广告法》第四十五条的规定予以处理。

第十八条 本办法自发布之日起施行。

农药广告审查发布标准

国家工商行政管理总局令

第 81 号

《农药广告审查发布标准》已经中华人民共和国国家工商行政管理总局局务会审议通过，现予公布，自2016年2月1日起施行。

国家工商行政管理总局局长
2015 年 12 月 24 日

第一条　为了保证农药广告的真实、合法、科学，制定本标准。

第二条　发布农药广告，应当遵守《中华人民共和国广告法》（以下简称《广告法》）及国家有关农药管理的规定。

第三条　未经国家批准登记的农药不得发布广告。

第四条　农药广告内容应当与《农药登记证》和《农药登记公告》的内容相符，不得任意扩大范围。

第五条　农药广告不得含有下列内容：

（一）表示功效、安全性的断言或者保证；

（二）利用科研单位、学术机构、技术推广机构、行业协会或者专业人士、用户的名义或者形象作推荐、证明；

（三）说明有效率；

（四）违反安全使用规程的文字、语言或者画面；

（五）法律、行政法规规定禁止的其他内容。

第六条 农药广告不得贬低同类产品，不得与其他农药进行功效和安全性对比。

第七条 农药广告中不得含有评比、排序、推荐、指定、选用、获奖等综合性评价内容。

第八条 农药广告中不得使用直接或者暗示的方法，以及模棱两可、言过其实的用语，使人在产品的安全性、适用性或者政府批准等方面产生误解。

第九条 农药广告中不得滥用未经国家认可的研究成果或者不科学的词句、术语。

第十条 农药广告中不得含有"无效退款"、"保险公司保险"等承诺。

第十一条 农药广告的批准文号应当列为广告内容同时发布。

第十二条 违反本标准的农药广告，广告经营者不得设计、制作，广告发布者不得发布。

第十三条 违反本标准发布广告，《广告法》及其他法律法规有规定的，依照有关法律法规规定予以处罚。法律法规没有规定的，对负有责任的广告主、广告经营者、广告发布者，处以违法所得三倍以下但不超过三万元的罚款；没有违法所得的，处以一万元以下的罚款。

第十四条 本标准自2016年2月1日起施行。1995年3月28日国家工商行政管理局第28号令公布的《农药广告审查标准》同时废止。

天津市农药管理条例

(2006年5月24日天津市第十四届人民代表大会常务委员会第二十八次会议通过；根据2012年5月9日天津市第十五届人民代表大会常务委员会第三十二次会议《关于修改部分地方性法规的决定》第一次修正；根据2016年3月30日天津市第十六届人民代表大会常务委员会第二十五次会议《关于修改部分地方性法规的决定》第二次修正)

第一章 总 则

第一条 为加强农药监督管理，保证农药质量，保护生态环境，保障农产品质量和人畜安全，根据国家有关法律、法规规定，结合我市实际，制定本条例。

第二条 在本市行政区域内生产（含原药生产、制剂加工）、分装、经营、运输和使用农药的单位和个人，必须遵守本条例。

第三条 市和区、县人民政府应当加强对农药监督管理工作的领导，对农药监督管理所需经费予以保证，列入同级财政预算。

第四条 本市鼓励和支持开发、研制、生产及使用安全、高效、经济的农药，对研制、开发者的合法权益予以保护。

第五条 市农业行政主管部门负责全市的农药登记和农药监督管理工作；区、县农业行政主管部门负责本行政区域内的农药监督管理工作；具体工作由市和区、县农业行政主管部门所属的农药监督管理机构负责。

市和区、县人民政府其他有关行政管理部门，按照各自职责做好农药监督管理工作。

第六条 农业行政主管部门应当建立和完善农药安全预警机制。农药监督管理机构应当定期对农药质量进行抽检，并向社会公布质量抽检结果。

第二章 农药登记

第七条 在本市生产、分装和进口农药必须依法取得农药临时登记证、农药登记证。

第八条 申请生产、进口农药登记，应当提供农药样品及下列资料：

（一）农药的产品化学资料；

（二）农药毒理学、药效试验报告；

（三）环境影响评价、残留试验报告；

（四）标签、标准等其他资料。

第九条 申请农药分装登记，应当提供分装授权书、农药登记证、产品质量标准、产品质量检测报告、标签等资料。

第十条 申请农药登记，应当向市农药监督管理机构提出。市农药监督管理机构应当在接到申请之日起二十个工作日内进行初步审查，并报国务院农业行政主管部门审批。

第十一条 农药临时登记、农药登记需续展的，应当在登记有效期届满三十日前，向市农药监督管理机构提出申请。逾期未申请续展登记的，视为自动撤销登记。

在登记有效期内的农药产品，改变剂型、含量、使用范围、使用方法的，应当申请变更登记。

第十二条 农药登记的药效、毒理学等试验，必须由依法认证的单位承担。承担药效、毒理学等试验的单位不得为本单位农药产品进行登记试验。

第十三条 市农药监督管理机构应当对获准登记的农药产品

的药效和配比合理性进行跟踪监督，并将结果及时向有关部门通报。

第三章 农药经营

第十四条 经营农药的单位、个人，应当具备国家有关法律、法规规定的条件。工商行政管理部门核发营业执照，应当征求同级农业行政主管部门的意见。

禁止流动销售农药产品。

农药监督执法单位及其工作人员不得从事农药经营活动。

第十五条 农药经营者必须具有与其经营的农药产品相符的农药登记证、生产许可证或者农药生产批准证书、产品标准号等复印资料。

第十六条 经营的农药产品必须附有标签。

农药产品标签应当符合《农药产品标签通则》的规定，并与农药登记备案的标签一致。

进口农药必须附有中文说明。

第十七条 农药经营者必须建立农药（卫生杀虫剂除外）经营台帐。出售农药时，应当开具相应的销售凭证。

第十八条 本市实行高毒、剧毒农药及杀鼠剂核准定点经营制度。

申请经营高毒、剧毒农药及杀鼠剂的单位，应当向所在区、县农药监督管理机构提出申请，由区、县农药监督管理机构报市农药监督管理机构按照销售网点布局核准经营。

经营高毒、剧毒农药及杀鼠剂的单位、个人，必须具备下列条件：

（一）经营一般农药连续三年且未出现违法行为；

（二）具有两名高级或者一名高级、两名中级农药（植保）专业技术职称的人员；

（三）已经建立完整的农药经营台帐。

第十九条 购买高毒、剧毒农药的，应当出示有效证明，并如实说明用途。经营者对销售的高毒、剧毒农药应当作详细记录；对用途不当的，应当拒绝销售，并说明理由。

第二十条 任何单位和个人不得经营含有国家禁止使用成份的卫生杀虫剂。农药监督管理机构应当定期向社会公布卫生杀虫剂产品的质量信息。

第二十一条 下列农药不得经营：

（一）未经登记的；

（二）未取得农药生产许可证或者生产批准证书的；

（三）未取得产品质量合格证书的；

（四）假冒、伪劣的；

（五）国家已撤销农药登记或明令禁止生产的；

（六）超过质量保证期限而未经鉴定的。

第二十二条 农药经营者应当向使用者如实介绍农药产品用途、使用方法、用量、中毒急救措施和注意事项。

第二十三条 对超过质量保证期限但尚有使用价值的农药产品，经营者应当向市农药监督管理机构报检，经检验具有一定药效的，由市农药监督管理机构加盖"过期农药"字样的标志，明确销售期限，并提供使用方法和用量说明。经营者应当在规定的期限内销售。

第二十四条 市农业行政主管部门可以根据国家有关规定，划定一定区域禁止销售某些限制使用的农药。

前款规定区域的划定，由市农业行政主管部门提出，报市人民政府批准并发布。

第二十五条 农药监督管理机构应当建立农药经营人员档案，

对本行政区域内农药经营人员进行培训和考核。

第四章 农药使用

第二十六条 农业行政主管部门应当根据预防为主、综合防治的方针,加强对农药合理使用的指导,推广使用安全高效农药,开展技术培训,提高农药使用者科学施药技术水平;开展农药对农业生态环境影响的调查评估,减少和消除农药对农业生态环境的不利影响。

第二十七条 农药使用者应当严格执行农药使用安全间隔期或者休药期规定,按照标签标明的内容施用农药,不得随意扩大使用范围、加大施药剂量和改变使用方法。

第二十八条 农产品生产、经营单位应当建立农药使用安全保证制度、农药残留检测制度,对生产、经营的农产品质量承担相应的责任。

第二十九条 以下情况不得使用高毒、剧毒农药:

(一)蔬菜、瓜类、果树和中草药材等作物;

(二)园林绿化、花卉种植和一定区域内的森林病虫害防治;

(三)蝗虫等病虫害防治;

(四)苍蝇、蚊子、蟑螂等卫生害虫防治。

饲料中不得含有农药成份。

第三十条 市农业行政主管部门根据本市农业生态环境安全和农产品质量安全需要,报经国务院农业行政主管部门审查批准后,在一定区域内限制使用某些农药。

第三十一条 实施统一灭鼠应当使用国家规定的杀鼠剂,其组织者应在施药前将杀鼠剂样品送检,并经市农药监督管理机构检验合格后方可使用。

农药监督管理机构应当对销售的杀鼠剂产品进行抽检。

第三十二条 在本市发生农药中毒事故的,应当立即报告公安机关、卫生和农业行政主管部门,由有关部门按照职责分工组织处理。

发生农作物药害的,由农业行政主管部门组织调查和技术鉴定。

因使用农药造成环境污染事故的,农药使用者应当立即采取措施,同时报告当地环境保护行政主管部门和农业行政主管部门,并配合做好调查和处理工作。

第五章 其他规定

第三十三条 各级人民政府应当建立和完善农产品农药残留安全检测体系。农药监督管理机构应当对农产品农药残留进行动态监测,并将监测结果向社会公布。

工商、质监、卫生、食品药品监督、商务等部门应当按照各自职责做好农药残留检测工作。

第三十四条 市和区、县人民政府应当根据本地区病、虫、草、鼠害发生规律,储备一定数量的农药。储备农药的管理由市和区、县农药监督管理机构负责。储备、管理费用由同级财政部门负责。

第三十五条 农药监督管理机构进行执法检查时,按照规定抽取样品和索取有关资料,有关单位和个人应当予以配合,不得隐瞒和拒绝。

农药监督管理人员对农药生产、经营单位提供的技术资料和所涉及的商业秘密,应当承担保密责任。

第三十六条 在本市发布农药广告,应当按照国家有关规定向市农业行政主管部门提出申请,市农业行政主管部门应当依法进行审核批准。

农药广告内容必须与农药登记的内容一致，不得扩大使用范围和防治对象。

禁止刊登、播放、设置、张贴未经登记和审批的农药产品广告。

第三十七条　运输农药的承运人，应当采取必要的安全防范措施，防止农药的洒落、污染。运输列入国家《危险货物品名表》的农药，承运人应当遵守国家有关危险化学品运输的管理规定。

第三十八条　任何个人和组织对违反法律、法规和本条例规定，生产、销售和使用农药的行为有权举报。农药监督管理机构应当设置投诉电话，受理举报。

第三十九条　农药监督管理机构应当加强对农药生产、经营单位的监督管理，建立企业信誉制度和产品质量档案，实行分类管理。

第六章　法律责任

第四十条　违反本条例规定，流动销售农药的，由农药监督管理机构没收其农药，并处二百元以上二千元以下罚款。

第四十一条　违反本条例规定，未经核准销售高毒、剧毒农药及杀鼠剂的，由农药监督管理机构没收其农药；情节严重的，并处一万元以上五万元以下罚款；构成犯罪的，依法追究刑事责任。

第四十二条　违反本条例规定，经营含有国家禁止使用成份卫生杀虫剂的，由农药监督管理机构没收其杀虫剂；情节严重的，并处三千元以上三万元以下罚款。

第四十三条　违反本条例规定，经营与农药登记证、生产许可证或者农药生产批准证书及产品标准号等复印资料不相符农药的，由农药监督管理机构给予警告，责令限期改正，并可对销售的农药先行登记保存。

第四十四条 违反本条例规定,农药经营者未建立农药经营台账或者未开具农药销售凭证的,由农药监督管理机构责令改正;情节严重的,并处五百元以上一万元以下罚款。

第四十五条 违反本条例规定,对超过质量保证期限的农药未经检验而销售的,由农药监督管理机构按照国家有关规定予以处罚。

第四十六条 违反本条例规定,在划定区域内销售禁止销售某些限制使用的农药品种的,由农药监督管理机构责令停止销售、没收其农药;情节严重的,并处一万元以上五万元以下罚款。

第四十七条 违反本条例规定,生产、销售的农产品,经检测超过国家农药残留限量标准的,由农业行政主管部门或者法律、法规规定的其他部门责令停止销售,监督销毁或者进行无害化处理,并没收违法所得;情节严重的,并处五千元以上三万元以下罚款。

第四十八条 违反本条例规定,在蔬菜、瓜类、果树、中草药材等作物上使用高毒、剧毒农药的,由农药监督管理机构给予警告,没收尚未使用的农药,并责令销毁其产品或者采取有效措施消除危害;情节严重的,并处五千元以上三万元以下罚款;构成犯罪的,依法追究刑事责任。

违反本条例规定,在园林绿化、一定区域内的森林病虫害、蝗虫等病虫害防治中使用高毒、剧毒农药或者将高毒、剧毒农药用于防治卫生害虫的,由农药监督管理机构给予警告,没收尚未使用的农药,并责令采取有效措施消除危害;情节严重的,并处五千元以上三万元以下的罚款;构成犯罪的,依法追究刑事责任。

第四十九条 农药监督管理人员滥用职权、玩忽职守、徇私舞弊的,由其所在单位或者上级主管部门给予行政处分;给当事人造成经济损失的,依法赔偿;构成犯罪的,依法追究刑事责任。

第七章 附 则

第五十条 本条例所称农药包括：

（一）用于预防、消灭或者控制危害农业、林业的病、虫、草和其他有害生物以及有目的地调节植物、昆虫生长的化学合成或者来源于生物、其他天然物质的一种物质或者几种物质的混合物及其制剂；

（二）预防、消灭或者控制苍蝇、蚊子、蟑螂、鼠和其他有害生物的物质或者制剂；

（三）用于农业、林业产品防腐或者保鲜的化合物或者混合物；

（四）有害生物的商业化天敌生物；

（五）农药与肥料等物质的混合物。

第五十一条 对农药生产的管理，法律、法规另有规定的，从其规定。

农药生产许可证或者农药生产批准证书，按照国家有关规定办理。

第五十二条 本条例自 2006 年 8 月 1 日起施行。2001 年天津市人民政府发布的《天津市农药管理办法》（2001 年市政府令第 39 号）同时废止。

河北省实施《农药管理条例》办法

（1999年5月24日河北省人民政府令第5号发布；根据2007年4月9日河北省人民政府第80次常务会议审议通过的《河北省实施〈农药管理条例〉办法修正案》第一次修正；根据2013年5月10日河北省人民政府令第2号公布施行的《河北省实施〈农药管理条例〉办法修正案》第二次修正）

第一条 为了加强对农药生产、经营和使用的监督管理，保证农药质量，保护农业和林业的生产及生态环境，维护人畜安全，根据国务院发布的《农药管理条例》以及国家其他有关规定，结合本省实际，制定本办法。

第二条 在本省行政区域内从事农药生产（含原药生产、制剂加工和分装）、经营活动和使用农药的，必须遵守本办法。

第三条 县级以上人民政府农业行政主管部门负责本行政区域内的农药监督管理工作，其所属的农药监督机构负责农药监督管理的具体工作。

省人民政府工业产品许可管理部门负责本行政区域内农药生产的监督管理工作。

县级以上人民政府的其他有关部门在各自的职责范围内，负责有关的农药监督管理工作。

第四条 在本省行政区域内生产尚未登记的农药，必须向省农业行政主管部门所属的农药检定机构申请登记。省农业行政主管部门所属的农药检定机构应当对申请登记的农药进行初审，经初审合格的，报请国务院农业行政主管部门审批并发给农药登记证。

第五条 农药登记分为田间试验、临时登记和正式登记三个阶段。田间试验阶段的农药不得销售；临时登记阶段的农药可以在规定的范围内进行田间试验示范、试销；经正式登记取得农药登记证的农药方可生产、销售。

第六条 生产他人、已经登记的相同农药产品，应当依照《农药管理条例》、本办法以及国家其他有关规定申请办理农药登记手续。

第七条 从事农药分装的，应当依照《农药管理条例》的规定取得农药登记证后，方可分装农药产品。

第八条 开办农药生产企业（包括联营、设立分厂和非农药生产企业设立农药生产车间），应当向省工业产品许可管理部门提出申请。省工业产品许可管理部门应当根据国家农药工业的产业政策和《农药管理条例》第十三条规定的条件，对开办农药生产企业的申请在20日内进行审核。审核同意的，应当按照规定报国务院工业产品许可管理部门审批。审核不同意的，应当以书面形式答复申请者。

第九条 农药生产企业生产农药，必须依照《农药管理条例》及国家有关规定取得农药生产许可证或者农药生产批准文件。未取得农药生产许可证或者农药生产批准文件的不得生产农药。

第十条 农药生产企业应当按照农药产品质量标准、技术规程等进行生产。农药生产的各个环节必须有完整、准确、真实的记录。生产记录不得伪造。

第十一条 农药产品包装必须贴有中文标签或者附具中文说明书。中文标签或者中文说明书的内容应当符合《农药管理条例》第十六条的规定。其中"农药名称"应当包括农药的中文通用名称；有商品名称的，商品名称不得含有描述性过强和易造成误导作用的词语。

第十二条 农药产品出厂前必须经过质量检验并附具产品质量检验合格证。不符合产品质量标准的产品不得出厂。

第十三条 农业经营单位经营的农药属于化学危险物品的,应当按照国家有关规定办理经营许可证。

第十四条 农业行政主管部门所属的有关机构不得既参与农药的监督管理,又从事农药的经营活动。

第十五条 农药经营者销售农药,应当了解购买者购买农药的目的,向购买者正确说明农药的用途、使用方法、用量、注意事项和中毒急救措施,并向购买者出具销售证明,作好销售记录。

第十六条 农药产品超过质量保证期限销售的。必须报经省以上农药检定机构检验。省农药检定机构对经检验确认仍符合标准的农药,应当规定销售期限。经营者应当在规定的期限内销售,但必须注明"过期农药"字样和销售期限的截止日期。

省农药检定机构对经检验不符合标准但有使用价值的农药,应当重新规定使用方法,用量和销售期限。经营者必须在规定的期限内销售,并注明新的使用方法、用量以及"已不符合有关标准的过期农药"字样和销售期限的截止日期。

省农药检定机构对经检验已不能使用的过期农药,应当按照有关规定处理。

第十七条 县以上农业行政主管部门应当组织有关部门和单位对本行政区域内的农业病、虫、草、鼠害的发生情况进行调查,制定本行政区域内的农药轮换使用规划。

县以上农业行政主管部门应当对农药使用者宣传安全、合理使用农药的知识,开展农药使用的技术服务工作。

第十八条 农药使用者应当严格按照农药中文标签或者中文说明书规定的剂量、防治对象、使用方法、施药时期、注意事项使用农药。

第十九条 在瓜果蔬菜、中草药材等作物上，禁止使用国家禁止使用的农药及其他化学物质或者使农药等化学物质残留不符合农产品质量安全标准。

第二十条 各级农业行政主管部门应当加强对农药经营、使用的监督管理。

各级农业行政主管部门及其所属的农药监督机构接到举报或者取得证据认为农药生产企业有违反《农药管理条例》和本办法行为，以及接受质量监督部门的委托，可以到有关农药生产企业进行监督检查。

第二十一条 各级农业行政主管部门发现经登记的农药在登记有效期内，对农业、林业、人畜安全、生态环境有严重危害的，应当报请国务院农业行政主管部门宣布限制使用该农药或者撤销该农药的登记。

第二十二条 各级农业行政主管部门、技术监督部门应当按照各自职责，逐步建立健全对农副产品中农药残留量的检测管理制度，做好农副产品中农药残留量的检测工作。

第二十二条 各级农业行政主管部门可以根据情况对正在生长、销售的瓜果蔬菜中的农药残留量进行抽检。发现农药残留量超过国家规定标准、对人畜安全构成威胁的，应当迅速报请县级以上人民政府作出处理决定。

第二十四条 省农业行政主管部门、工商行政管理部门应当依照《中华人民共和国广告法》和国家工商行政管理局、农业部联合发布的、《农药广告审查办法》的规定，对农药广告的审查、发布进行管理。未经省农业行政主管部门审查批准的农药广告，不得发布。

第二十五条 有下列行为之一的，由县以上农业行政主管部门按照以下规定给予行政处罚：

（一）未取得农药登记证或者农药临时登记证擅自生产农药，

或者生产已撤销登记的农药的，责令停止生产，没收违法所得，并处以违法所得五倍以上十倍以下的二罚款；没有违法所得的，处以五万元以上十万元，以下的罚款。

（二）未取得农药登记证分装农药的，责令停止分装，处以三千元以上三万元以下的罚款。

（三）经营无农药登记证、农药临时登记证或者已撤销登记的农药的，责令停止经营，没收违法所得，并处以违法所得一倍以上五倍以下的罚款；没有违法所得的，处以五万元以下的罚款。

（四）生产、经营的农药产品包装上未贴中文标签或者未附具中文说明书以及擅自修改标签、说明书内容的，给予警告，没收违法所得，可以并处违法所得一倍以上三倍以下的罚款；没有违法所得的，可处以三万元以下的罚款。

（五）生产、经营的农药产品包装上的中文标签残缺不清的，给予警告、没收违法所得，可以并处违法所得一倍以下的罚款；没有违法所得的，可处以一万元以下的罚款。

（六）假冒、伪造、转让农药登记证或者农药临时登记证、农药登记证号或者农药临时登记证号的，收缴假冒。伪造、转让的农药登记证或者农药临时登记证，没收违法所得，并处违法所得一倍以上十倍以下的罚款；没有违法所得的，可处以十万元以下的罚款。

（七）不按照国家有关农药安全使用规定使用农药造成危害后果的，给予警告，可处以三千元以上三万元以下的罚款。

（八）在瓜果蔬菜、中草药材等作物上，使用国家禁止使用的农药或者其他化学物质以及农药等化学物质残留不符合农产品质量安全标准的，责令停止销售，追回已经销售的产品，对违法销售的产品进行无害化处理或者予以监督销毁；没收违法所得，并处以二千元以上二万元以下的罚款。

第二十六条 有下列行为之一的，由农业行政主管部门、工业产品许可管理部门或者法律、法规规定的其他部门按照以下规定给予行政处罚：

（一）生产假农药、劣质农药的，没收假农药、劣质农药和违法所得，并处以违法所得五倍以上十倍以下的罚款；没有违法所得的，处以五万元以上十万元以下的罚款；情节严重的，吊销农药登记证或者农药临时登记证、农药生产许可证或者农药生产批准文件。

（二）经营假农药、劣质农药的，没收假农药、劣质农药和违法所得，并处以违法所得一倍以上五倍以下的罚款；没有违法所得的，可处以五万元以下的罚款。

（三）经营未经省以上农药检定机构检验超过产品质量保证期限的农药产品的，处以违法所得一倍以上三倍以下的罚款；没有违法所得的，可以处三万元以下的罚款。

第二十七条　有下列行为之一的，由省以上发展和改革部门按照以下规定给予行政处罚：

（一）未经批准擅自开办农药生产企业的，或者未取得农药生产许可证、农药生产批准文件生产农药的，责令停止生产，没收违法所得，并处以违法所得一倍以上十倍以下的罚款；没有违法所得的，处以十万元以下的罚款。

（二）未按照农药生产许可证或者农药生产批准文件规定生产农药的，责令停止生产，没收违法所得，并处以违法所得一倍以上五倍以下的罚款；没有违法所得的，处以五万元以下的罚款；情节严重的，吊销农药生产许可证或者农药生产批准文件。

（三）假冒、伪造、转让农药生产许可证或者农药生产批准文件的，收缴或者吊销农药生产许可证、农药生产批准文件，没收违法所得，处以违法所得一倍以上十倍以下的罚款；没有违法所得的，处以十万元以下的罚款。

第二十八条　本办法自一九九九年七月一日起实施。

海南经济特区农药管理若干规定

海南省人民代表大会常务委员会公告
第 77 号

《海南省人民代表大会常务委员会关于修改〈海南经济特区农药管理若干规定〉的决定》已由海南省第五届人民代表大会常务委员会第二十三次会议于 2016 年 9 月 28 日通过，现予公布，自公布之日起施行。

海南省人民代表大会常务委员会
2016 年 9 月 28 日

（2005 年 5 月 27 日海南省第三届人民代表大会常务委员会第十七次会议通过；根据 2010 年 7 月 31 日海南省第四届人民代表大会常务委员会第十六次会议修订；根据 2016 年 9 月 28 日海南省第五届人民代表大会常务委员会第二十三次会议《关于修改〈海南经济特区农药管理若干规定〉的决定》修正）

第一条 为了加强农药管理，保障农产品质量安全和人畜安全，保护生态环境，促进农业、林业可持续发展，根据《中华人民共和国农产品质量安全法》、国务院《农药管理条例》和其他有关法律法规，结合海南经济特区实际，制定本规定。

第二条 在本经济特区内从事农药生产、运输、储存、销售、使用和监督管理活动，适用本规定。

第三条 县级以上人民政府应当加强对农药监督管理工作的组织领导,将农药监督管理经费列入本级财政预算,加强农药监督执法队伍建设,加大农药科技和农药监测设备投入,建立健全农产品质量安全监测制度和服务体系。

县级以上人民政府农业行政主管部门负责本行政区域内的农药监督管理工作。

县级以上人民政府工商行政管理部门、食品药品监督管理部门按照各自的职责对市场销售的农药和农产品实行监督管理。

县级以上人民政府质量技术监督、卫生、环境保护、林业、渔业、交通、邮政等行政主管部门按照各自的职责负责有关的农药监督管理工作。

乡镇人民政府、村民委员会应当协助农药监督管理部门对农药销售、使用进行监督检查;组织、宣传、指导农民安全、科学地使用农药。

第四条 在本经济特区内禁止生产、运输、储存、销售和使用含有剧毒、高毒成份的农药,但经省政府批准的特殊需要和限用的品种除外。

农业行政主管部门应当向社会公布并印发国家和本经济特区推广、限制和禁止销售、使用的农药品种的目录及其适用范围,并在农药经营场所和村民委员会办公场所张贴。

第五条 在本经济特区开办农药生产企业应当符合国家规定的条件、质量标准,进行环境影响评价,建设污染防治设施,污染物排放不得超过国家和本省规定的排放标准。

农药生产企业经批准后,方可依法申请农药生产许可证和营业执照。

禁止生产假农药、劣质农药。

第六条 鼓励和扶持研究开发、使用生物农药和生物、物理防治病虫害技术。对使用安全、高效农药，或者采用生物、物理等技术防治病虫害的，县级以上人民政府可予以奖励和补贴。具体办法由省人民政府制定。

第七条 本经济特区农药批发实行专营特许制度，农药零售经营实行许可制度。

农药批发和农药零售经营网点实行总量控制。由省人民政府农业行政主管部门根据农业生产需要，科学规划、合理布局销售网络。农药批发企业名录和销售网点规划应当向社会公布。

农药生产企业在本经济特区内批发或者零售农药，应当按照本规定申领农药经营许可证和营业执照。

第八条 农药批发和零售价格实行政府指导价，由省人民政府价格主管部门会同农业行政主管部门和有关部门制定，并向社会公布。

制定农药价格应当科学论证，必要时应当举行听证会，征求使用者、经营者和有关方面的意见。

省人民政府价格主管部门和市、县、自治县人民政府应当适时对农药批发和零售价格进行评估。

县级以上人民政府价格主管部门应当加强对农药批发和零售价格的监督检查，依法查处价格违法行为。

第九条 经营农药应当同时具备下列条件：

（一）有与其经营农药相适应的技术人员；

（二）有与其经营农药相适应的营业场所，营业场所不得与学校、幼儿园、餐饮、食品生产经营等关系公共卫生安全的场所相毗邻；

（三）有与其经营农药相适应的设备、仓储设施、安全防护措施和环境污染控制设施、措施；

（四）有与其经营农药相适应的经营管理、质量管理制度和管理手段；

（五）有与其经营农药相适应的资金和独立承担民事责任的能力；

（六）法律、法规规定的其他条件。

从事农药批发经营除具备前款规定的条件外，还应具有市、县、自治县、乡镇连锁经营和配送的网络。

农药批发经营和零售经营的具体条件，由省人民政府规定。

第十条 从事农药批发经营，应当申请农药专营许可，经省农业行政主管部门批准，取得农药批发经营许可证。具体办法由省人民政府依照国家和本规定的规定制定。

第十一条 申请农药零售经营的，由所在地市、县、自治县人民政府农业行政主管部门审查。对符合经营条件和农药销售网点规划的，应当采用招投标方式确定经营者，并核发农药零售经营许可证。

第十二条 农药批发企业应当建设区域配送中心，完善农药仓储物流基础设施，建立农药连锁经营网络，发展统一配送、统一价格、统一标识、统一服务的农药商店。

第十三条 农药批发企业应当建立采购平台，不得限制符合在本经济特区销售条件的农药进入采购平台。进入采购平台的农药批发价格，在供应商的价格基础上，依照本规定第八条制定。

农药批发企业应当将在本经济特区销售的农药报送省人民政府农业行政主管部门备案。

农药批发企业不得以任何形式允许其他单位或者个人使用本企业的农药批发经营许可证，以本企业的名义从事农药经营活动。任何单位和个人不得借用、冒用、盗用农药批发企业的名义从事农药经营活动。

农药批发企业购进农药，应当向农药生产企业或者供应商索要购买凭证。农药批发企业销售农药,应当给农药购买者开具购买凭证。农药零售经营者购进农药,应当向批发企业索要购买凭证。农药零售经营者销售农药,应当给农药购买者开具购买凭证。农药购买者购买农药,应当索要购买凭证。农药购买凭证应当记载农药的名称、数量、用途和买卖双方的相关信息,并与购销台账一并保存,以备核查。

第十四条 农药零售经营应当从本经济特区的批发企业购进农药。除运输农药批发企业采购的农药,以及经省人民政府农业行政主管部门批准用于科研与推广示范的农药外,单位和个人不得擅自购买、运输、携带农药进入本经济特区。

购买农药应当到取得经营许可的农药商店购买。

禁止通过网络交易平台从本经济特区以外购买农药。

第十五条 企业和个人承运农药应当查验农药购买凭证,并建立运输记录。运输记录保存期限不得少于三年。

邮政、快递或者物流企业,对本经济特区内寄递的农药,应当查验其农药购买凭证;对违反本规定第四条、第十四条从省外寄递进入本经济特区的农药,应当告知县级以上人民政府农业行政、邮政主管部门调查处理。

县级以上人民政府农业、工商、交通行政主管部门应当在港口、火车站、长途汽车站、机场等口岸设立农药检查站,对进入本经济特区的农药进行检查,邮政、民航、铁路等部门应当予以配合。

第十六条 农药经营者应当建立农药购销台账,记载所销售农药的生产单位、进货渠道、产品名称、销售情况等信息。农药购买凭证与购销台账应当保存三年。

农药经营者应当登记农药购买者的姓名、住址、购买农药的用途等信息。

农药批发企业批发销售农药时，应当提供专营标识或标签。农药零售经营者所售最小销售单元应当粘贴农药批发企业专营标识或标签。

第十七条　农药经销人员应当接受培训，具备农药使用和安全防护的专业知识。

农药经销人员负有宣传农药安全使用知识的责任，应当向农药使用者说明农药的使用范围、使用方法、防治对象、安全间隔期、中毒急救措施等注意事项，不得对农药使用者进行误导。

第十八条　禁止经营假农药、劣质农药。

禁止在农药经营场所经营食品、农产品、日杂用品等与群众生活密切相关的商品。

第十九条　县级以上人民政府农业、工商行政主管部门应当定期对农药经营进行监督检查，每个月至少检查一次，做好监督检查记录，并及时纠正和查处违反法律法规的农药经营行为。

第二十条　各级人民政府农业行政主管部门应当积极组织和培训农民科学、安全、合理地使用农药，并做好病虫害预测、预报工作。

县级以上人民政府农业行政主管部门应当定期组织农药经销人员进行有关农药法律、法规及农药使用技术的培训。

鼓励农药经营企业、农业专业技术协会和其他社会团体对农民进行农药使用技术培训。

农产品生产企业应当加强对雇佣的人员以及与其签订合同的农民进行农药使用技术指导，传授农药使用知识。

第二十一条　各级农业技术推广机构应当履行公益性职能，按照当地农业生产实际需要配备专业技术人员，为农产品生产企业和农民提供农药使用技术服务，指导农产品生产企业和农民科学、安全、合理地使用农药，其业务经费纳入本级财政预算。

第二十二条 鼓励和支持农业专业合作组织和农药批发经营者为农产品生产企业、农民提供施药等农业技术服务。

第二十三条 农药使用者应当遵守国家和本经济特区有关农药使用的规定。禁止下列行为：

（一）不按照标签标注的使用范围、方法、技术要求、注意事项使用农药；

（二）不遵守农药标签标注的安全间隔期或者休药期使用农药；

（三）在饮用水水源保护区内违反有关规定使用农药；

（四）其他违反有关农药使用规定的行为。

农产品生产企业和农民专业合作经济组织应当建立农产品生产记录，如实记载生产使用农药的名称、来源、用法、用量和使用、停用的日期，病虫草害的发生和防治情况，以及农产品收获日期。农产品生产记录应当保存二年。禁止伪造农产品生产记录。鼓励其他农产品生产者建立农产品生产记录。

村民委员会、村集体经济组织、村民小组可以登记其成员使用农药的情况。

第二十四条 县级以上人民政府农业行政主管部门和乡镇人民政府应当引导、推广和扶持农业标准化生产；指导村民委员会组织农户，根据自愿的原则，联合进行农业标准化生产，依法、科学、安全、统一使用农药。

对依照前款规定联合实行农业标准化生产的农户，农业技术推广机构应当为其提供病虫草害防治和农药使用技术指导。农业行政主管部门实施农药监督检测的机构应当为其生产过程免费提供农药检测服务，所需经费列入财政预算。

农产品生产、运销等企业和组织可以与农户通过平等协商，签订农产品生产收购协议，组织农户进行标准化生产，并应当依照本规定第二十三条第二款的规定，建立农产品生产记录，记载农药使用的有关情况。

第二十五条　施用过农药的农产品应当在安全间隔期满后采收和食用。

禁止加工、配送和销售农药残留量超标的农产品。

禁止使用农药加工、腌制农产品。

第二十六条　县级以上人民政府农业行政主管部门应当加强对农产品生产使用农药的监督抽查，对不符合农产品质量安全要求的农产品，应当依法处理，或者告知生产者不得采收。

乡镇农业技术服务单位、村民委员会发现违法使用农药进行农产品生产的行为，应当向县级以上人民政府农业行政主管部门报告，并告知生产者不得采收不符合农产品质量安全要求的农产品。

县级以上人民政府农业行政主管部门，应当加强对乡镇农业技术服务单位、村民委员会农药监督人员的技术指导和培训。

第二十七条　设立农产品收购市场、收购点，应当报所在地市、县、自治县人民政府农业行政主管部门备案。农产品收购市场、收购点应当建立检测机构或者委托中介检测机构对其收购的农产品进行农药残留量抽查检测。

收购农产品的单位或者个人，对农药残留量不符合农产品质量安全标准的农产品，不得收购；并应当向所在地农业行政主管部门报告。

第二十八条　农产品生产企业、农民专业合作经济组织，从事农产品收购的单位或者个人，应当按照规定包装所生产、收购的农产品，标明产品品名、产地、生产者等项内容。

收购农产品的单位或者个人可以要求农户包装其交售的农产品，并标明产地、生产者姓名、住址等信息。

第二十九条　县级以上人民政府农业行政主管部门应当按照职责加强对本行政区域农产品生产、收购、销售的监督抽查；县级以上人民政府食品药品监督管理部门应当按照职责对进入本行政区域销售的农产品进行监督抽查。

托运人、承运人应当凭检测合格证托运、承运农产品。对农药残留量不符合质量安全标准的农产品，不准运出、运入本行政区域，不准销售。

第三十条　农产品生产、加工、配送、运销企业和超市应当对本单位生产、加工、配送、销售的农产品进行农药残留量自检，或者委托中介检测机构检测。未经检测或者检测不合格的农产品，不得加工、配送和销售。

农产品集贸市场、批发市场、大型超市等农产品经营场所开办者应当建立农药残留量快速检测点，对进入本经营场所销售的农产品进行抽样检测。检测结果应当在本经营场所如实公示。对经检测超标的农产品，应当禁止其入市销售。消费者到市场检测点检测，发现农药残留量超标的，可以要求返还货款和赔偿损失，并及时告知经营场所开办者或者向县级以上人民政府食品药品监督管理部门投诉。

以上检测费用由实施检测或者委托检测的单位和个人自行负担。

第三十一条　中介检测机构应当获得国家法定资质认证后，方可从事农药残留量检测经营活动。

第三十二条　县级以上人民政府食品药品监督管理部门应当对市场销售的农产品及其加工品农药残留量进行监督抽样检测，对每个市场每月至少检测两次，并公布检测结果。监督抽样检测费用纳入本级财政预算。

食品药品监督管理部门应当加强对餐饮业、团体伙食单位食用农产品的检测，并及时查处因食用农药残留量超标的农产品造成的中毒事故。

第三十三条 各级人民政府农业、工商、质量技术监督、食品药品、卫生行政主管部门对农产品及其加工品农药残留量不符合农产品质量安全要求的报告、举报和投诉，应当根据各自的职责及时处理或转送处理。

第三十四条 农产品及其加工品的生产者、收购者、销售者对本规定第二十六条第一款、第二十九条、第三十二条规定的监督抽查检测，有义务依法提供监督检测样品。检测机构应当如实出具检测报告。对监督检测结果有异议的，可以自收到检测结果之日起五日内，向组织实施检查的行政主管部门或其上级行政主管部门申请复检；对采用快速检测方法进行的监督抽查检测，可以自收到检测结果时起四小时内申请复检。复检不得采用快速检测方法。

对农药负有监督管理职责的部门对经检测不符合质量安全标准的农产品及其加工品，有权查封、扣押，并依法处理；对含有本经济特区禁止使用的农药的农产品及其加工品，应当就地销毁。

因检测结果错误给当事人造成损害的，应当依法承担赔偿责任。

第三十五条 剧毒、高毒等禁用农药，假农药、劣质农药和过期报废农药，废弃农药包装和其他含农药的废弃物，由环境保护行政主管部门依照国家有关规定组织、监督处置。

对农药负有监督管理职责的部门实施监督检查没收的农药需要处置的，应当移送环境保护行政主管部门指定的具有资质的机构处置，环境保护行政主管部门依法监督处置，所需经费列入本级财政预算。

农药经营者应当将过期报废农药和农药废弃物交由农业行政主管部门移送环境保护行政主管部门指定的具有资质的机构处置，所需费用由农药经营者负担。

农药使用者应当回收农药废弃物，交由农业行政主管部门依照本条第二款的规定移送处置。

第三十六条 发生农药集体中毒、环境污染、药害事故,有关单位和个人应当立即报告当地政府及有关部门,并按照有关应急预案组织实施救援,采取有效措施减少事故损失,防止事故蔓延、扩大。

当地政府及其有关部门未依法履行职责,不及时组织实施救援或者采取必要措施,造成事故蔓延、扩大的,对直接负责的主管人员和其他直接责任人员依法给予行政处分;构成犯罪的,依法追究刑事责任。

第三十七条 省农业行政主管部门应当会同工商、质量技术监督、环境保护、工业等行政主管部门建立农药市场监管网络平台,实行农药监督管理信息通报制度,其内容主要有:

(一)受理农药生产、经营单位申请,以及批准许可的信息;

(二)对违法生产、经营、使用农药行为的监管查处信息;

(三)农药事故的查处和处理信息;

(四)农药监督管理的其他信息。

第三十八条 任何单位和个人有权向负有农药监督管理职责的部门举报和投诉农药违法行为。对单位和个人的举报和投诉应当及时处理,经查证属实的,对举报人和投诉人应当给予奖励。

第三十九条 违反本规定第四条第一款,生产、运输、储存、销售本经济特区禁止使用的农药的,由县级以上人民政府农业、工商、质量技术监督行政主管部门依据各自的职权,没收违禁农药和违法所得,处十万元以上二十万元以下罚款;对农药经营单位,吊销其农药经营许可证和营业执照;构成犯罪的,依法追究刑事责任。

违反本规定第四条第一款,在农产品生产中使用本经济特区禁止的农药的,由县级以上人民政府农业行政主管部门责令改正,对个人处二千元以上三万元以下罚款;对单位处十万元以上二十万元以下罚款。

第四十条 违反本规定第五条第三款、第十八条第一款,生产、经营假农药、劣质农药的,由县级以上人民政府农业行政主管部门或者法律、行政法规规定的其他有关部门没收假农药、劣质农药和违法所得,并处违法所得一倍以上十倍以下的罚款;没有违法所得的,并处十万元以下的罚款;情节严重的,由县级以上人民政府农业行政主管部门依法吊销农药登记证或者农药临时登记证、农药经营许可证,由县级以上人民政府工业产品许可管理部门依法吊销农药生产许可证或者农药生产批准文件;构成犯罪的,依法追究刑事责任。

第四十一条 违反本规定第八条,农药经营者不执行政府指导价的,由县级以上人民政府价格主管部门责令改正,没收违法所得,处五万元以上十万元以下罚款;情节严重的,由县级以上人民政府农业行政主管部门责令停业整顿直至吊销其农药经营许可证。

第四十二条 违反本规定第九条,农药经营不符合本规定设定的经营条件的,由原发证机关吊销其农药经营许可证。

违反本规定第十条、第十一条,未取得农药经营许可证擅自经营农药的,由县级以上人民政府农业行政主管部门责令其停止营业,没收违法经营的农药和违法所得,处五万元以上十万元以下罚款。

第四十三条 违反本规定第十三条第一款,农药批发企业限制符合在本经济特区销售条件的农药在本经济特区销售的,由省人民政府农业行政主管部门责令改正,处一万元以上三万元以下罚款。

违反本规定第十三条第二款,农药批发企业未将在本经济特区销售的农药报送备案的,由省人民政府农业行政主管部门责令改正,处二万元以上五万元以下罚款。

违反本规定第十三条第三款,农药批发企业允许其他单位或者个人使用本企业的农药批发经营许可证，以本企业的名义从事农药经营活动的，由县级以上人民政府农业行政主管部门没收违法所得，处二十万元以上五十万元以下罚款；情节严重的，可以责令停业整顿直至由省人民政府农业行政主管部门吊销农药批发经营许可证。借用、冒用、盗用批发企业名义从事农药经营活动的，由县级以上人民政府农业行政主管部门没收违法所得，对单位并处二十万元以上五十万元以下罚款，对个人并处十万元以上二十万元以下罚款；构成犯罪的，依法追究刑事责任。

违反本规定第十三条第四款，农药批发企业未索要和未按规定保存农药购买凭证以及未给农药购买者开具购买凭证的，由县级以上人民政府农业、工商行政主管部门依据各自的职权责令改正，处五千元以上一万元以下罚款；农药零售经营者未索要和未按规定保存农药购买凭证以及未给农药购买者开具购买凭证的，处二千元以上五千元以下罚款。

第四十四条 违反本规定第十四条，农药零售经营者从本经济特区农药批发企业以外的企业或者个人购进农药的，由县级以上人民政府农业行政主管部门没收所购农药，处五万元以上十万元以下罚款；情节严重的，吊销其农药经营许可证。

违反本规定第十四条，购买、运输、携带农药进入本经济特区或者通过网络交易平台从本经济特区以外购买农药的，由县级以上人民政府农业、工商、交通、邮政行政主管部门依据各自的职权没收所运输、携带的农药，处一千元以上一万元以下罚款；情节严重的，处一万元以上五万元以下罚款。

第四十五条 违反本规定第十六条第一款、第二款，农药经营者未建立农药购销台账或者购销台账记录不明确的，由县级以上人民政府工商、农业行政主管部门依据各自的职权给予警告，责令限期改正；逾期未改正的，处二千元以上二万元以下罚款。

违反本规定第十六条第三款，农药零售未粘贴农药批发企业专营标识或标签或者弄虚作假的，农药批发企业销售农药未提供专营标识或标签的，由县级以上人民政府农业、工商行政主管部门责令改正，处二千元以上五千元以下罚款。

第四十六条 违反本规定第十八条，在农药经营场所经营食品、农产品、日杂用品等与群众生活密切相关商品的，由县级以上人民政府农业、工商行政主管部门依据各自的职权责令改正，处一千元以上一万元以下罚款；情节严重的，吊销其农药经营许可证。

第四十七条 经营、使用农药造成农药中毒、药害、农药污染等事故的，由县级以上人民政府农业行政主管部门处二万元以上五万元以下罚款；构成犯罪的，依法追究刑事责任。给他人造成经济损失的，应当依法承担赔偿责任。

第四十八条 农药使用者违反本规定，有第二十三条第一款第（一）、（二）、（四）项的行为之一的，由县级以上人民政府农业行政主管部门责令改正；拒不改正的，对单位处一万元以上五万元以下罚款，对其他农药使用者，处五百元以上五千元以下罚款。

农药使用者违反本规定，有第二十三条第一款第（三）项的行为的，依照《海南省饮用水水源保护条例》的有关规定处罚。

第四十九条 违反本规定第二十三条第二款、第二十四条第三款，农产品生产企业、农民专业合作社，以及组织农户进行标准化生产的企业和组织未建立或者未按规定保存农产品生产记录，或者伪造农产品生产记录的，由县级以上人民政府农业行政主管部门责令限期改正；逾期不改正的，处五百元以上二千元以下罚款。

第五十条 违反本规定第二十五条第二款、第三十条第一款，加工、配送、销售农药残留量超过标准的农产品的，由县级以上人民政府食品药品监督管理部门没收违法所得和违法生产经营的农产品，并可以没收用于违法生产经营的工具、设备、原料等物品；违法生产经营的农产品货值金额不足一万元的,并处五万元以上十万元以下罚款;货值金额一万元以上的,并处货值金额十倍以上二十倍以下罚款;情节严重的,吊销许可证。

违反本规定第二十五条第三款,使用农药加工、腌制农产品的,由县级以上人民政府食品药品监督管理部门没收违法所得和违法生产经营的食品,并可以没收用于违法生产经营的工具、设备、原料等物品;违法生产经营的食品货值金额不足一万元的,并处十万元以上十五万元以下罚款;货值金额一万元以上的,并处货值金额十五倍以上三十倍以下罚款;情节严重的,吊销许可证,并可以由公安机关对其直接负责的主管人员和其他直接责任人员处五日以上十五日以下拘留。

第五十一条　违反本规定第二十七条第一款,设立农产品收购市场、收购点未报农业行政主管部门备案的,由县级以上人民政府农业行政主管部门责令改正,处二千元以上二万元以下罚款。

违反本规定第二十七条第一款,农产品收购市场未建立检测机构或者未委托检测机构对本市场的农产品进行抽查检测的,由县级以上人民政府农业行政主管部门处二万元以上五万元以下罚款。

第五十二条　违反本规定第二十九条第二款的规定,将农药残留量不符合质量安全标准的农产品运出、运入本行政区域的,分别由县级以上人民政府农业行政主管部门、食品药品监督管理部门依据各自职权没收农产品、没收违法所得,对托运人、承运人各处运输费用三倍以下的罚款。

第五十三条　违反本规定第三十条第二款,农产品集贸市场、批发市场、大型超市等农产品经营场所开办者未建立农药残留量快速检测点或者未履行检测义务的,由县级以上人民政府食品药品监督管理部门责令改正,处二万元以上五万元以下罚款。

第五十四条　违反本规定第三十四条第一款,实施监督检测的机构出具虚假检测报告的，由其所在单位或上级主管部门对直接责任人员给予行政处分；中介检测机构出具虚假检测报告的，由县级以上人民政府质量技术监督主管部门给予警告，处一千元以上五千元以下罚款，情节严重的，依法吊销其资质证书。

第五十五条 农药经营者未按第三十五条第三款规定处置过期报废农药和农药废弃物的，由县级以上人民政府环境保护行政主管部门责令改正，处一万元以上五万元以下罚款。

第五十六条 农业、工商、质量技术监督、食品药品、卫生等农药监督管理部门及其工作人员有下列行为之一的，由其上级行政机关或者监察机关责令改正，并对部门主要负责人、直接负责的主管人员和其他直接责任人员给予行政处分；构成犯罪的，依法追究刑事责任：

（一）对不具备经营条件而核发农药经营许可证的；

（二）核发农药经营许可证不符合农药销售网点规划的；

（三）对违法经营、使用农药的行为，不及时调查处理的；

（四）对收购的农产品不符合质量安全要求的报告，不及时调查处理的；

（五）对省外农药直接进入农药销售网点进行销售不及时调查处理的；

（六）其他滥用职权、玩忽职守、徇私舞弊的行为。

因疏于监督管理造成农药集体中毒事件、农产品农药残留超标事件或者农药污染事故的，对其市、县、自治县人民政府主要负责人和分管领导依照国家和本省有关领导干部问责规定进行问责。

第五十七条 在本经济特区以外本省范围内从事农药生产、运输、储存、销售、使用和监督管理活动的，参照本规定执行。

第五十八条 本规定具体应用问题由省人民政府负责解释。

第五十九条 本规定自 2010 年 11 月 1 日起施行。

农药管理条例实施办法

中华人民共和国农业部令
2007年第9号

《关于修订〈农药管理条例实施办法〉的决定》业经2007年12月6日农业部第15次常务会议审议通过，现予发布，自2008年1月8日起施行。

农业部部长
二〇〇七年十二月八日

（1999年7月23日农业部令第20号发布；根据2002年7月27日农业部第18号令发布实施的《关于修改〈农药管理条例实施办法〉的决定》第一次修改；根据2004年7月1日农业部令第38号发布的《农业部关于修订农业行政许可规章和规范性文件的决定》第二次修改；根据2007年12月8日农业部令第9号公布的《农业部关于修订〈农药管理条例实施办法〉的决定》第三次修改）

第一章 总 则

第一条 为了保证《农药管理条例》（以下简称《条例》）的贯彻实施，加强对农药登记、经营和使用的监督管理，促进农药工业技术进步，保证农业生产的稳定发展，保护生态环境，保障人畜安全，根据《条例》的有关规定，制定本实施办法。

第二条 农业部负责全国农药登记、使用和监督管理工作，负责制定或参与制定农药安全使用、农药产品质量及农药残留的国家或行业标准。

省、自治区、直辖市人民政府农业行政主管部门协助农业部做好本行政区域内的农药登记，负责本行政区域内农药研制者和生产者申请农药田间试验和临时登记资料的初审，并负责本行政区域内的农药监督管理工作。

县和设区的市、自治州人民政府农业行政主管部门负责本行政区域内的农药监督管理工作。

第三条 农业部农药检定所负责全国的农药具体登记工作。省、自治区、直辖市人民政府农业行政主管部门所属的农药检定机构协助做好本行政区域内的农药具体登记工作。

第四条 各级农业行政主管部门必要时可以依法委托符合法定条件的机构实施农药监督管理工作。受委托单位不得从事农药经营活动。

第二章 农药登记

第五条 对农药登记试验单位实行认证制度。

农业部负责组织对农药登记药效试验单位、农药登记残留试验单位、农药登记毒理学试验单位和农药登记环境影响试验单位的认证,并发放认证证书。

经认证的农药登记试验单位应当接受省级以上农业行政主管部门的监督管理。

第六条 农业部制定并发布《农药登记资料要求》。

农药研制者和生产者申请农药田间试验和农药登记,应当按照《农药登记资料要求》提供有关资料。

第七条 新农药应申请田间试验、临时登记和正式登记。

(一) 田间试验

农药研制者在我国进行田间试验,应当经其所在地省级农业行政主管部门所属的农药检定机构初审后,向农业部提出申请,由农业部农药检定所对申请资料进行审查。经审查批准后,农药研制者持农药田间试验批准证书与取得认证资格的农药登记药效试验单位签订试验合同,试验应当按照《农药田间药效试验准则》实施。

省级农业行政主管部门所属的农药检定机构对田间试验的初审,应当在农药研制者交齐资料之日起一个月内完成。

境外及港、澳、台农药研制者的田间试验申请,申请资料由农业部农药检定所审查。

农业部农药检定所应当自农药研制者交齐资料之日起三个月内组织完成田间试验资料审查。

(二) 临时登记

田间试验后,需要进行示范试验(面积超过10公顷)、试销以及在特殊情况下需要使用的农药,其生产者须申请原药和制剂临时登记。其申请登记资料应当经所在地省级农业行政主管部门所属的农药检定机构初审后,向农业部提出临时登记申请,由农业部农药检定所对申请资料进行综合评价,经农药临时登记评审委员会评审,符合条件的,由农业部发给原药和制剂农药临时登记证。

省级农业行政主管部门所属的农药检定机构对临时登记资料的初审,应当在农药生产者交齐资料之日起一个月内完成。

境外及港、澳、台农药生产者向农业部提出临时登记申请的,申请资料由农药检定所审查。

农业部组织成立农药临时登记评审委员会,每届任期三年。农药临时登记评审委员会一至二个月召开一次全体会议。农药临时登记评审委员会的日常工作由农业部农药检定所承担。

农业部农药检定所应当自农药生产者交齐资料之日起三个月内组织完成临时登记评审。

农药临时登记证有效期为一年,可以续展,累积有效期不得超过三年。

(三) 正式登记

经过示范试验、试销可以作为正式商品流通的农药,其生产者须向农业部提出原药和制剂正式登记申请,由农业部农药检定所对申请资料进行审查,经国务院农业、化工、卫生、环境保护部门和全国供销合作总社审查并签署意见后,由农药登记评审委员会进行综合评价,符合条件的,由农业部发给原药和制剂农药登记证。

农药生产者申请农药正式登记,应当提供两个以上不同自然条件地区的示范试验结果。示范试验由省级农业、林业行政主管部门所属的技术推广部门承担。

农业部组织成立农药登记评审委员会,下设农业、毒理、环保、工业等专业组。农药登记评审委员会每届任期三年,每年召开一次全体会议和一至二次主任委员会议。农药登记评审委员会的日常工作由农业部农药检定所承担。

农业部农药检定所应当自农药生产者交齐资料之日起一年内组织完成正式登记评审。

农药登记证有效期为五年,可以续展。

第八条 经正式登记和临时登记的农药,在登记有效期限内,同一厂家或者不同厂家改变剂型、含量(配比)或者使用范围、使用方法的,农药生产者应当申请田间试验、变更登记。

田间试验、变更登记的申请和审批程序同本《实施办法》第七条第(一)、第(二)项。

变更登记包括临时登记变更和正式登记变更,分别发放农药临时登记证和农药登记证。

第九条 生产其他厂家已经登记的相同农药的,农药生产者应当申请田间试验、变更登记,其申请和审批程序同本《实施办法》第七条第(一)、第(二)项。

对获得首次登记的,含新化合物的农药登记申请人提交的数据,按照《农药管理条例》第十条的规定予以保护。

申请登记的农药产品质量和首家登记产品无明显差异的,在首家取得正式登记之日起 6 年内,经首家登记厂家同意,农药生产者可使用其原药资料和部分制剂资料;在首家取得正式登记之日起 6 年后,农药生产者可免交原药资料和部分制剂资料。

第十条 生产者分装农药应当申请办理农药分装登记,分装农药的原包装农药必须是在我国已经登记过的。农药分装登记的申请,应当经农药生产者所在地省级农业行政主管部门所属的农药检定机构初审后,向农业部提出,由农药检定所对申请资料进行审查。经审查批准后,由农业部发给农药临时登记证,登记证有效期为一年,可随原包装厂家产品登记有效期续展。

农业部农药检定所应当自农药生产者交齐资料之日起三个月内组织完成分装登记评审。

第十一条 经审查合格的农药登记申请,农业部应当在评审结束后 10 日内决定是否颁发农药临时登记证或农药正式登记证。

第十二条 农药登记证、农药临时登记证和农药田间试验批准证书使用"中华人民共和国农业部农药审批专用章"。

第十三条 农药名称是指农药的通用名称或简化通用名称，直接使用的卫生农药以功能描述词语和剂型作为产品名称。农药名称登记核准和使用管理的具体规定另行制定。

农药的通用名称和简化通用名称不得申请作为注册商标。

第十四条 农药临时登记证需续展的，应当在登记证有效期满一个月前提出续展登记申请；农药登记证需续展的，应当在登记证有效期满三个月前提出续展登记申请。逾期提出申请的，应当重新办理登记手续。对所受理的临时登记和正式登记续展申请，农业部在二十个工作日内决定是否予以登记续展，但专家评审时间不计算在内。

第十五条 取得农药登记证或农药临时登记证的农药生产厂家因故关闭的，应当在企业关闭后一个月内向农业部农药检定所交回农药登记证或农药临时登记证。逾期不交的，由农业部宣布撤销登记。

第十六条 如遇紧急需要，对某些未经登记的农药、某些已禁用或限用的农药，农业部可以与有关部门协商批准在一定范围、一定期限内使用和临时进口。

第十七条 农药登记部门及其工作人员有责任为申请者提供的资料和样品保守技术秘密。

第十八条 农业部定期发布农药登记公告。

第十九条 农药生产者应当指定专业部门或人员负责农药登记工作。省级以上农业行政主管部门所属的农药检定机构应当对申请登记人员进行相应的业务指导。

第二十条 进行农药登记试验（药效、残留、毒性、环境）应当提供有代表性的样品，并支付试验费。试验样品须经法定质量检测机构检测确认样品有效成分及其含量与标明值相符，方可进行试验。

第三章　农药经营

第二十一条　供销合作社的农业生产资料经营单位，植物保护站，土壤肥料站，农业、林业技术推广机构，森林病虫害防治机构，农药生产企业，以及国务院规定的其他单位可以经营农药。

农垦系统的农业生产资料经营单位、农业技术推广单位，按照直供的原则，可以经营农药；粮食系统的储运贸易公司、仓储公司等专门供应粮库、粮站所需农药的经营单位，可以经营储粮用农药。

日用百货、日用杂品、超级市场或者专门商店可以经营家庭用防治卫生害虫和衣料害虫的杀虫剂。

第二十二条　农药经营单位不得经营下列农药：

（一）无农药登记证或者农药临时登记证、无农药生产许可证或者生产批准文件、无产品质量标准的国产农药；

（二）无农药登记证或者农药临时登记证的进口农药；

（三）无产品质量合格证和检验不合格的农药；

（四）过期而无使用效能的农药；

（五）没有标签或者标签残缺不清的农药；

（六）撤销登记的农药。

第二十三条　农药经营单位对所经营农药应当进行或委托进行质量检验。

第二十四条　农药经营单位向农民销售农药时，应当提供农药使用技术和安全使用注意事项等服务。

第四章　农药使用

第二十五条　各级农业行政主管部门及所属的农业技术推广部

门,应当贯彻"预防为主,综合防治"的植保方针,根据本行政区域内的病、虫、草、鼠害发生情况,提出农药年度需求计划,为国家有关部门进行农药产销宏观调控提供依据。

第二十六条 各级农业技术推广部门应当指导农民按照《农药安全使用规定》和《农药合理使用准则》等有关规定使用农药,防止农药中毒和药害事故发生。

第二十七条 各级农业行政主管部门及所属的农业技术推广部门,应当做好农药科学使用技术和安全防护知识培训工作。

第二十八条 农药使用者应当确认农药标签清晰,农药登记证号或者农药临时登记证号、农药生产许可证号或者生产批准文件号齐全后,方可使用农药。

农药使用者应当严格按照产品标签规定的剂量、防治对象、使用方法、施药适期、注意事项施用农药,不得随意改变。

第二十九条 各级农业技术推广部门应当大力推广使用安全、高效、经济的农药。剧毒、高毒农药不得用于防治卫生害虫,不得用于瓜类、蔬菜、果树、茶叶、中草药材等。

第三十条 为了有计划地轮换使用农药,减缓病、虫、草、鼠的抗药性,提高防治效果,省、自治区、直辖市人民政府农业行政主管部门报农业部审查同意后,可以在一定区域内限制使用某些农药。

第五章 农药监督

第三十一条 各级农业行政主管部门应当配备一定数量的农药执法人员。农药执法人员应当是具有相应的专业学历、并从事农药工作三年以上的技术人员或者管理人员,经有关部门培训考核合格,取得执法证,持证上岗。

第三十二条　农业行政主管部门有权按照规定对辖区内的农药生产、经营和使用单位的农药进行定期和不定期监督、检查,必要时按照规定抽取样品和索取有关资料,有关单位和个人不得拒绝和隐瞒。

农药执法人员对农药生产、经营单位提供的保密技术资料,应当承担保密责任。

第三十三条　对假农药、劣质农药需进行销毁处理的,必须严格遵守环境保护法律、法规的有关规定,按照农药废弃物的安全处理规程进行,防止污染环境;对有使用价值的,应当经省级以上农业行政主管部门所属的农药检定机构检验,必要时要经过田间试验,制订使用方法和用量。

第三十四条　禁止销售农药残留量超过标准的农副产品。县级以上农业行政主管部门应当做好农副产品农药残留量的检测工作。

第三十五条　农药广告内容必须与农药登记的内容一致,农药广告经过审查批准后方可发布。农药广告的审查按照《广告法》和《农药广告审查办法》执行。

通过重点媒介发布的农药广告和境外及港、澳、台地区农药产品的广告,由农业部负责审查。其他广告,由广告主所在地省级农业行政主管部门负责审查。广告审查具体工作由农业部农药检定所和省级农业行政主管部门所属的农药检定机构承担。

第三十六条　地方各级农业行政主管部门应当及时向上级农业行政主管部门报告发生在本行政区域内的重大农药案件的有关情况。

第六章　罚　　则

第三十七条　对未取得农药临时登记证而擅自分装农药的,由农业行政主管部门责令停止分装生产，没收违法所得，并处违法所得1倍以上5倍以下的罚款；没有违法所得的，并处5万元以下的罚款。

第三十八条　对生产、经营假农药、劣质农药的，由农业行政主管部门或者法律、行政法规规定的其他有关部门，按以下规定给予处罚：

（一）生产、经营假农药的，劣质农药有效成分总含量低于产品质量标准30%（含30%）或者混有导致药害等有害成分的，没收假农药、劣质农药和违法所得，并处违法所得5倍以上10倍以下的罚款；没有违法所得的，并处10万元以下的罚款。

（二）生产、经营劣质农药有效成分总含量低于产品质量标准70%（含70%）但高于30%的，或者产品标准中乳液稳定性、悬浮率等重要辅助指标严重不合格的，没收劣质农药和违法所得，并处违法所得3倍以上5倍以下的罚款；没有违法所得的，并处5万元以下的罚款。

（三）生产、经营劣质农药有效成分总含量高于产品质量标准70%的，或者按产品标准要求有一项重要辅助指标或者二项以上一般辅助指标不合格的，没收劣质农药和违法所得，并处违法所得1倍以上3倍以下的罚款；没有违法所得的，并处3万元以下罚款。

（四）生产、经营的农药产品净重（容）量低于标明值，且超过允许负偏差的，没收不合格产品和违法所得，并处违法所得1倍以上5倍以下的罚款；没有违法所得的，并处5万元以下罚款。

生产、经营假农药、劣质农药的单位，在农业行政主管部门或者法律、行政法规规定的其他有关部门的监督下，负责处理被没收的假农药、劣质农药，拖延处理造成的经济损失由生产、经营假农药和劣质农药的单位承担。

第三十九条　对经营未注明"过期农药"字样的超过产品质量

保证期的农药产品的，由农业行政主管部门给予警告，没收违法所得，可以并处违法所得 3 倍以下的罚款；没有违法所得的，并处 3 万元以下的罚款。

第四十条 收缴或者吊销农药登记证或农药临时登记证的决定由农业部作出。

第四十一条 本《实施办法》所称"违法所得"，是指违法生产、经营农药的销售收入。

第四十二条 各级农业行政主管部门实施行政处罚，应当按照《行政处罚法》、《农业行政处罚程序规定》等法律和部门规章的规定执行。

第四十三条 农药管理工作人员滥用职权、玩忽职守、徇私舞弊、索贿受贿，构成犯罪的，依法追究刑事责任；尚不构成犯罪的，依法给予行政处分。

第七章 附 则

第四十四条 对《条例》第二条所称农药解释如下：

（一）《条例》第二条（一）预防、消灭或者控制危害农业、林业的病、虫（包括昆虫、螨、蜱）、草和鼠、软体动物等有害生物的是指农、林、牧、渔业中的种植业用于防治植物病、虫（包括昆虫、螨、蜱）、草和鼠、软体动物等有害生物的。

（二）《条例》第二条（三）调节植物生长的是指对植物生长发育（包括萌发、生长、开花、受精、座果、成熟及脱落等过程）具有抑制、刺激和促进等作用的生物或者化学制剂；通过提供植物养分促进植物生长的适用其他规定。

（三）《条例》第二条（五）预防、消灭或者控制蚊、蝇、蜚蠊、鼠和其他有害生物的是指用于防治人生活环境和农林业中养殖业用于防治动物生活环境卫生害虫的。

（四）利用基因工程技术引入抗病、虫、草害的外源基因改变基因组构成的农业生物，适用《条例》和本《实施办法》。

（五）用于防治《条例》第二条所述有害生物的商业化天敌生物，适用《条例》和本《实施办法》。

（六）农药与肥料等物质的混合物，适用《条例》和本《实施办法》。

第四十五条 本《实施办法》下列用语定义为：

（一）新农药是指含有的有效成分尚未在我国批准登记的国内外农药原药和制剂。

（二）新制剂是指含有的有效成分与已经登记过的相同，而剂型、含量（配比）尚未在我国登记过的制剂。

（三）新登记使用范围和方法是指有效成分和制剂与已经登记过的相同，而使用范围和方法是尚未在我国登记过的。

第四十六条 种子加工企业不得应用未经登记或者假、劣种衣剂进行种子包衣。对违反规定的，按违法经营农药行为处理。

第四十七条 我国作为农药事先知情同意程序国际公约（PIC）成员国，承担承诺的国际义务，有关具体事宜由农业部农药检定所承办。

第四十八条 本《实施办法》由农业部负责解释。

第四十九条 本《实施办法》自发布之日起施行。凡与《条例》和本《实施办法》相抵触的规定，一律以《条例》和本《实施办法》为准。

附 录

农药安全使用规定

(1982年6月5日农牧渔业部、卫生部发布)

施用化学农药,防治病、虫、草、鼠害,是夺取农业丰收的重要措施。如果使用不当,亦会污染环境和农畜产品,造成人、畜中毒或死亡。为了保证安全生产,特作如下规定:

一、农药分类

根据目前农业生产上常用农药(原药)的毒性综合评价(急性口服、经皮毒性、慢性毒性等),分为高毒、中等毒、低毒三类。

1. 高毒农药

有3911.苏化203.1605.甲基1605.1059.杀螟威、久效磷、磷胺、甲胺磷、异丙磷、三硫磷、氧化乐果、磷化锌、磷化铝、氰化物、呋喃丹、氟乙酰胺、砒霜、杀虫脒、西力生、赛力散、溃疡净、氯化苦、五氯酚、二溴氯丙烷、401等。

2. 中等毒农药

有杀螟松、乐果、稻丰散、乙硫磷、亚胺硫磷、皮蝇磷、六六六、高丙体六六六、毒杀芬、氯丹、滴滴涕、西维因、害扑威、叶蝉散、速灭威、混灭威、抗蚜威、倍硫磷、敌敌畏、拟除虫菊酯类、克瘟散、稻瘟净、敌克松、402.福美砷、稻脚青、退菌特、代森铵、代森环、2,4-滴、燕麦敌、毒草胺等。

3. 低毒农药

有敌百虫、马拉松、乙酰甲胺磷、辛硫磷、三氯杀螨醇、多菌灵、托布津、克菌丹、代森锌、福美双、萎锈灵、异稻瘟净、乙磷铝、百菌清、除草醚、敌稗、阿特拉津、去草胺、拉索、杀草丹、2甲4氯、绿麦隆、敌草隆、氟乐灵、苯达松、茅草枯、草甘膦等。

高毒农药只要接触极少量就会引起中毒或死亡。中、低毒农药虽较高毒农药的毒性为低，但接触多，抢救不及时也会造成死亡。因此，使用农药必须注意经济和安全。

二、农药使用范围

凡已订出"农药安全使用标准"的品种，均按照"标准"的要求执行。尚未制定"标准"的品种，执行下列规定：

1. 高毒农药不准用于蔬菜、茶叶、果树、中药材等作物，不准用于防治卫生害虫与人、畜皮肤病。除杀鼠剂外，也不准用于毒鼠。氟乙酰胺禁止在农作物上使用，不准做杀鼠剂。"3911"乳油只准用于拌种，严禁喷雾使用。呋喃丹颗粒剂只准用于拌种、用工具沟施或戴手套撒毒土，不准浸水后喷雾。

2. 高残留农药六六六、滴滴涕、氯丹，不准在果树、蔬菜、茶树、中药材、烟草、咖啡、胡椒、香茅等作物上使用。氯丹只准用于拌种，防治地下害虫。

3. 杀虫脒可用于防治棉花红蜘蛛、水稻螟虫等。根据杀虫脒毒性的研究结果，应控制使用。在水稻整个生长期内，只准使用一次。每亩用25%水剂2两，距收割期不得少于40天，每亩用25%水剂四两，距收割期不得少于70天。禁止在其他粮食、油料、蔬菜、果树、药材、茶叶、烟草、甘蔗、甜菜等作物上使用。在防治棉花害虫时，亦应尽量控制使用次数和用量。喷雾时，要避免人身直接接触药液。

4. 禁止用农药毒鱼、虾、青蛙和有益的鸟兽。

三、农药的购买、运输和保管

1. 农药由使用单位指定专人凭证购买。买农药时必须注意农药的包装，防止破漏。注意农药的品名、有效成份含量、出厂日期、使用说明等，鉴别不清和质量失效的农药不准使用。

2. 运输农药时，应先检查包装是否完整，发现有渗漏、破裂的，应用规定的材料重新包装后运输，并及时妥善处理被污染的地面、运输工具和包装材料。搬运农药时要轻拿轻放。

3. 农药不得与粮食、蔬菜、瓜果、食品、日用品等混载、混放。

4. 农药应集中在生产队、作业组或专业队设专用库、专用柜和专人保管，不能分户保存。门窗要牢固，通风条件要好，门、柜要加锁。

5. 农药进出仓库应建立登记手续，不准随意存取。

四、农药使用中的注意事项

1. 配药时，配药人员要戴胶皮手套，必须用量具按照规定的剂量称取药液或药粉，不得任意增加用量。严禁用手拌药。

2. 拌种要用工具搅拌，用多少，拌多少，拌过药的种子应尽量用机具播种。如手撒或点种时必须戴防护手套，以防皮肤吸收中毒。剩余的毒种应销毁，不准用作口粮或饲料。

3. 配药和拌种应选择远离饮用水源、居民点的安全地方，要有专人看管，严防农药、毒种丢失或被人、畜、家禽误食。

4. 使用手动喷雾器喷药时应隔行喷。手动和机动药械均不能左右两边同时喷。大风和中午高温时应停止喷药。药桶内药液不能装得过满，以免晃出桶外，污染施药人员的身体。

5. 喷药前应仔细检查药械的开关、接头、喷头等处螺丝是否拧紧，药桶有无渗漏，以免漏药污染。喷药过程中如发生堵塞时，应先用清水冲洗后再排除故障。绝对禁止用嘴吹吸喷头和滤网。

6. 施用过高毒农药的地方要竖立标志，在一定时间内禁止放牧、割草、挖野菜，以防人、畜中毒。

7. 用药工作结束后，要及时将喷雾器清洗干净，连同剩余药剂一起交回仓库保管，不得带回家去。清洗药械的污水应选择安全地点妥善处理，不准随地泼洒，防止污染饮用水源和养鱼池塘。盛过农药的包装物品，不准用于盛粮食、油、酒、水等食品和饲料。装过农药的空箱、瓶、袋等要集中处理。浸种用过的水缸要洗净集中保管。

五、施药人员的选择和个人防护

1. 施药人员由生产队选拔工作认真负责、身体健康的青壮年担任，并应经过一定的技术培训。

2. 凡体弱多病者、患皮肤病和农药中毒及其他疾病尚未恢复健康者，哺乳期、孕期、经期的妇女，皮肤损伤未愈者不得喷药或暂停喷药。喷药时不准带小孩到作业地点。

3. 施药人员在打药期间不得饮酒。

4. 施药人员打药时必须戴防毒口罩，穿长袖上衣、长裤和鞋、袜。在操作时禁止吸烟、喝水、吃东西，不能用手擦嘴、脸、眼睛，绝对不准互相喷射嬉闹。每日工作后喝水、抽烟、吃东西之前要用肥皂彻底清洗手、脸和漱口。有条件的应洗澡。被农药污染的工作服要及时换洗。

5. 施药人员每天喷药时间一般不得超过6小时。使用背负式机动药械，要两人轮换操作。连续施药3~5天后应停休1天。

6. 操作人员如有头痛、头昏、恶心、呕吐等症状时，应立即离开施药现场，脱去污染的衣服，漱口，擦洗手、脸和皮肤等暴露部位，及时送医院治疗。

农药限制使用管理规定

中华人民共和国农业部令

第 17 号

《农药限制使用管理规定》业经 2002 年 6 月 18 日农业部第 15 次常务会议审议通过，现予发布实施。

农业部部长
二○○二年六月二十八日

第一章 总 则

第一条 为了做好农药限制使用管理工作，根据《农药管理条例》制定本规定。

第二条 农药限制使用是在一定时期和区域内，为避免农药对人畜安全、农产品卫生质量、防治效果和环境安全造成一定程度的不良影响而采取的管理措施。

第三条 农药限制使用要综合考虑农药资源、农药产品结构调整、农产品卫生质量等因素，坚持从本地实际需要出发的原则。

第四条 农业部负责全国农药限制使用管理工作。

省、自治区、直辖市人民政府农业行政主管部门负责本行政区域内的农药限制使用管理工作。

第二章 农药限制使用的申请

第五条 申请限制使用的农药，应是已在需要限制使用的作物或防治对象上取得登记，其农药登记证或农药临时登记证在有效期

限内,并具备下列情形之一:

(一)影响农产品卫生质量;

(二)因产生抗药性引起对某种防治对象防治效果严重下降的;

(三)因农药长残效,造成农作物药害和环境污染的;

(四)对其他产业有严重影响的。

第六条 各省、自治区、直辖市在本辖区内全部作物或某一(类)作物或某一防治对象上全面限制使用某种农药,或者在本辖区内部分地区限制使用某种农药的,应由省、自治区、直辖市人民政府农业行政主管部门向农业部提出申请。

第七条 申请农药限制使用应提供以下资料:

(一)填写《农药限制使用申请表》;

(二)农药限制使用的申请报告应当包括本地区作物布局、替代农药品种、配套技术以及农民接受程度和成本效益分析;

(三)由于使用某种农药影响农产品卫生质量的,需提供相关数据和有关部门的证明材料;

(四)由于长残效农药在土壤积累造成农作物药害的,需提供有关技术部门出具的研究报告;

(五)由于农药抗药性造成对某种防治对象防治效果严重下降的,需提供抗药性监测报告和必要的田间药效试验报告;

(六)农药限制使用的其他技术材料。

第三章 农药限制使用的审查、批准和发布

第八条 农业部收到农药限制使用申请后,应组织召开农药登记评审委员会主任委员扩大会议审议、审查、核实申报材料,提出综合评价意见。

农药登记评审委员会可视情况,组织专家对申请农药限制使用进行实地考察。

第九条 农药登记评审委员会提出综合评价意见前,应邀请相关农药生产企业召开听证会。

第十条 农业部根据综合评价意见审批农药限制使用申请,并及时公告限制使用的农药种类、区域和年限。

第十一条 对农药限制使用申请,农业部应在收到申请之日起三个月内给予答复。

第四章 附 则

第十二条 经一段时间的限制使用后,有害生物对限制使用农药的抗药性已有下降,能恢复到理想的防治效果的,可以申请停止限制使用。申报和审查批准程序适用第二章、第三章的规定。

第十三条 地方各级人民政府农业行政主管部门不得制定和发布有关农药禁止、限制使用或市场准入的管理办法和制度,不得违反本规定发布农药限制使用的规定。

第十四条 本规定自二〇〇二年八月一日起生效。

农药使用安全事故应急预案

农业部关于印发《农药使用安全事故应急预案》的通知

农农发〔2012〕2号

各省、自治区、直辖市农业（农牧）厅（局、委），新疆生产建设兵团农业局，黑龙江农垦总局：

  为有效预防、控制和减轻农药使用安全事故的危害，规范事故应急处置程序，依据《中华人民共和国突发事件应对法》、《国家突发公共事件总体应急预案》、《农药管理条例》、《农药管理条例实施办法》、《农业部农业突发公共事件应急预案管理办法》、《国家安全生产事故灾难应急预案》等法律、法规及规章的有关规定，我部制定了《农药使用安全事故应急预案》。现印发给你们，请遵照执行。

中华人民共和国农业部
二〇一二年三月十三日

1 总则

1.1 编制目的

有效预防、及时控制和最大限度地减轻农药使用安全事故的危害，确保应急处置工作高效、有序，保障农业生产安全、人民身体健康和生命安全，维护社会稳定。

1.2 编制依据

依据《中华人民共和国突发事件应对法》、《国家突发公共事件总体应急预案》、《农药管理条例》、《农药管理条例实施办法》、《农业部农业突发公共事件应急预案管理办法》、《国家安全生产事故灾难应急预案》等法律、法规及规章的有关规定，制定本预案。

1.3　适用范围

本预案适用于下列情形的农药使用安全事故的应急处置：

（1）使用农药造成的农作物药害事故；

（2）使用农药造成的水生生物、蜜蜂、蚕等有益生物死亡事故；

（3）在农药使用环节发生的人畜中毒事件。

1.4　工作原则

预防为主、科学处置；统一领导、分工协作；分级管理、条块结合；规范有序、快速高效。

2　应急组织指挥体系与职责

2.1　组织机构

农业部成立农药使用安全事故应急领导小组，负责全国范围内农药使用安全事故的应急处置工作。领导小组组长由农业部种植业管理司司长担任，副组长由农业部农药检定所所长、全国农业技术推广服务中心主任、农业部种植业管理司主管副司长担任，成员由农业部有关职能部门的工作人员组成。

农业部农药使用安全事故应急领导小组下设办公室，作为农药使用安全事故的工作机构。办公室设在农业部种植业管理司，办公室主任由农业部种植业管理司主管副司长担任，副主任由农业部农药检定所主管副所长、全国农业技术推广服务中心主管副主任担任。

地方各级农业行政主管部门成立应急领导机构及办事机构，负责本辖区农药使用安全事故的应急处置工作。

2.2　领导机构职责

（1）指导处置农药使用安全事故。

（2）确定农药使用安全事故应急控制级别，部署应急处置措施。

（3）向社会发布农药使用安全事故的信息或公告。

（4）确认处置结果，决定解除警情。

2.3　工作机构职责

（1）受理、收集、整理农药使用安全事故信息，向领导机构报告农药使用安全事故有关情况。

（2）组织专家对农药使用安全事故进行评估，提出启动农药使用安全事故应急处置的级别建议。

（3）组织开展事故技术鉴定，提出补救措施，查缴涉案农药产品。

（4）监督、检查农药使用安全事故应急处置工作。

（5）汇总农药使用安全事故处置结果，提出解除警情建议。

（6）对农药使用安全事故应急预案进行备案和管理。

（7）组织实施事故应急处置相关知识的宣传、培训和演练工作。

（8）领导机构交办的其他工作。

3　监测和预防

3.1　监测

各级农业行政主管部门应建立农药使用安全事故的预防预警监测机制。建立农药信息监测点，定期对农药产品质量、使用状况等进行调查分析。

3.2　应急准备措施

（1）建立完善农药监督抽查制度，及时公布农药质量状况信息。

（2）建立农药监管信息共享平台，强化信息交流。

（3）加强对农药生产、经营、使用者的培训，保障农药使用安全。

(4) 对农药质量、使用状况等情况进行综合分析,提出防范农药使用安全事故措施。

4 应急处置

4.1 应急事件分级

根据人畜伤害、经济损失、受害面积、社会影响和控制难易程度,农药使用安全事故分为特别重大(Ⅰ级)、重大(Ⅱ级)、较大(Ⅲ级)、一般(Ⅳ级)四级。

4.1.1 Ⅰ级

出现下列情况之一的,为Ⅰ级使用安全事故:

(1) 农作物药害面积在5万亩以上或者经济损失5000万元以上;

(2) 家禽、水生生物、蜜蜂、蚕等有益生物经济损失5000万元以上;

(3) 发生100人以上中毒或者5000头(只)以上牲畜中毒;

(4) 其他需要认定为Ⅰ级农药使用安全事故的。

4.1.2 Ⅱ级

出现下列情况之一的,为Ⅱ级使用安全事故:

(1) 农作物药害面积在1万亩以上或者经济损失1000万元以上;

(2) 家禽、水生生物、蜜蜂、蚕等有益生物经济损失1000万元以上;

(3) 发生50人以上、100人以下中毒,或者1000头(只)以上、5000头(只)以下牲畜中毒;

(4) 其他需要认定为Ⅱ级农药使用安全事故的。

4.1.3 Ⅲ级

出现下列情况之一的,为Ⅲ级使用安全事故:

(1) 农作物药害面积在1000亩以上或者经济损失100万元以上;

(2) 家禽、水生生物、蜜蜂、蚕等有益生物经济损失100万元以上;

（3）发生 30 人以上、50 人以下中毒，或者 300 头（只）以上、1000 头（只）以下牲畜中毒；

（4）其他需要认定为Ⅲ级农药使用安全事故的。

4.1.4　Ⅳ级

出现下列情况之一的，为Ⅳ级使用安全事故：

（1）农作物药害面积在 200 亩以上或者经济损失 20 万元以上；

（2）家禽、水生生物、蜜蜂、蚕等有益生物经济损失 20 万元以上；

（3）发生 5 人以上、30 人以下中毒，或者 100 头（只）以上、300 头（只）以下牲畜中毒；

（4）其他需要认定为Ⅳ级农药使用安全事故的。

4.2　信息报告

农药使用安全事故发生后，事故发生地县级农业行政主管部门应立即向当地政府报告，同时上报上一级农业行政主管部门，并在初次报告后，密切跟踪事态发展，及时报告最新动态。特殊情况下允许越级报告。

特别重大、重大农药使用安全事故发生后，事故发生地省级农业行政主管部门应在 2 小时内向农业部农药使用安全事故应急领导小组办公室报告，同时抄报农业部办公厅；情况紧急时，可先通过电话等方式报告，随后补报书面报告。农业部农药使用安全事故应急领导小组办公室在 2 小时内通过《农业部值班信息》报告国务院。

4.3　先期处置

事故发生地县级农业行政主管部门应及时会同有关部门进行农药使用安全事故的调查，采取积极措施防止事态扩大，避免造成次生灾害，同时根据调查核实情况，提出事故等级建议。

4.4　分级响应

根据事故的等级，由相应农业行政主管部门启动应急响应。发生Ⅰ级使用安全事故,农业部农药使用安全事故应急领导小组启动全国应急响应;发生Ⅱ级使用安全事故,省级农业行政主管部门应急指挥领导机构启动省级应急响应;发生Ⅲ级使用安全事故,地(市)级农业行政主管部门应急指挥领导机构启动相应的应急响应;发生Ⅳ级使用安全事故,县级农业行政主管部门应急指挥领导机构启动相应的应急响应。

4.5 响应措施

(1)组织召开会商会,分析形势,研究落实应急措施。

(2)派出工作组赶赴事故发生地慰问受害群众,核查情况,指导开展处置工作。

(3)组织技术鉴定,分析事故原因,研究制定补救措施,最大限度减少损失。

4.6 指挥与协调

(1)上级农业行政主管部门应加强对下级农业行政主管部门应急处理农药使用安全事故的督导,根据需要组织有关专家协助应急处置,并及时向相关部门和区域通报情况。

(2)各级农业行政主管部门在启动本级预案时,由于能力和条件不足等特殊原因不能有效处置农药使用安全事故时,可请求上级农业行政主管部门启动相应级别的预案,或者向本级人民政府提出建议,由其协调相关部门开展应急处置工作。

4.7 信息发布

根据分级响应机制,相应农业行政主管部门要区分农药使用安全事故的不同情况,按照农药使用安全事故应急领导机构的统一部署,及时、客观、准确地发布信息。

4.8 应急结束

根据农药使用安全事故应急领导机构的决定,公布农药使用安全事故应急处置结束,解除警情。

5 后期处置

5.1 善后处置

（1）善后保障

农业行政主管部门应配合当地政府有关部门，保障本行政区域内因农药使用安全事故致病、致残人员得到及时、有效的救治，保障事发地区日常生活必需品的供给。

（2）减少损失

农业行政主管部门应组织农民积极恢复生产，最大限度减少损失。

5.2 评估总结

农业行政主管部门应当分析、评价农药使用安全事故产生的原因和造成的损失，总结经验教训，提出改进措施，并形成案例报告。

6 保障措施

6.1 资金保障

农药使用安全事故应急处置所需经费应纳入各级财政预算。

6.2 技术保障

部、省、市（地）级农业行政主管部门应建立、健全农药产品质量检测机构，承担农药应急处置农药产品质量的检测工作。

农业部和各省（区、市）农业行政主管部门应设立农药使用安全事故处置技术专家库，负责农药使用安全事故的技术支持。

6.3 信息保障

农业部建立农药监管网络信息平台，收集、分析和公布农药产品质量、农药使用安全事故等信息，实现信息共享。

6.4 人员保障

各级农业行政主管部门应当建立、健全农药使用安全事故应急处置队伍，负责应急处置相关工作。

7 监督管理

7.1 应急预案演练

各级农业行政主管部门应当有计划地开展农药使用安全事故应

急演练,提高应急处置能力。

7.2 宣传教育与培训

各级农业行政主管部门应当对农药使用安全事故应急处置人员以及辖区内有关人员进行农药使用安全事故救助知识的培训,充分利用广播、电视、报刊、互联网等多种媒体,广泛宣传农药安全使用及事故处置知识。

7.3 监督检查

Ⅰ级使用安全事故的处置情况,由农业部组织监督检查。Ⅱ级和Ⅲ级使用安全事故的处置情况,由省级农业行政主管部门组织监督检查。Ⅳ级使用安全事故的处置情况,由地(市)级农业行政主管部门或者事故发生地的县级人民政府组织监督检查。

7.4 奖惩

县级以上农业行政主管部门对农药使用安全事故应急处置过程中做出突出贡献的单位和个人,给予表彰。对失职、渎职的有关人员,依法追究责任。

8 附则

8.1 预案管理

预案要定期评估,并根据农药使用安全事故的形势变化和实施中发现的问题及时进行修订。

地方各级农业行政主管部门制定的农药使用安全事故应急预案应报上一级农业行政主管部门备案。

8.2 农产品质量安全事故

因农药残留超标引发的农产品质量安全事故的应急处置按照国家有关农产品质量安全应急规定办理。

8.3 预案实施时间

本预案自印发之日起施行。

农药田间试验网上审批工作规范（试行）

农业部办公厅关于印发
《农药田间试验网上审批工作规范（试行）》的通知
农办农〔2010〕133号

各省、自治区、直辖市及计划单列市农业（农牧、农村经济）厅（局、委），新疆生产建设兵团农业局：

为切实做好农药田间试验网上审批工作，进一步提高农药行政审批效率，根据《农药管理条例》、《农药管理条例实施办法》、《农业部行政审批综合办公办事指南》和《农业部行政许可网上审批管理暂行办法》的有关规定，我部制定了《农药田间试验网上审批工作规范》（试行）。现印发给你们，请认真贯彻执行。

二〇一〇年十二月六日

第一章 总 则

第一条 为切实做好农药田间试验网上审批工作，规范行政审批行为，提高行政审批效率和便民服务水平，根据《农药管理条例》、《农药管理条例实施办法》、《农业部行政审批综合办公办事指南》和《农业部行政许可网上审批管理暂行办法》的有关规定，制定本规范。

第二条 本规范所称农药田间试验网上审批，是指按照法律法规规定的程序和条件，行政许可申请人通过农业部农药行政审批服务系统（http://nyyyw.agri.gov.cn，以下简称农药审批系统）报送农药田间试验许可申请材料，农药行政许可审查机关通过农药审批系统对申请材料进行初审、受理、审查与决定。

第三条 本规范适用于依托农药审批系统从事农药田间试验许可审批工作的农业部有关司局、农业部农药检定所、省级农药检定（管理）机构及农药行政许可申请人。

第二章　职责分工

第四条 省级农药检定（管理）机构主要负责接收本辖区行政许可申请人网上报送的农药田间试验申请许可事项，对申报的电子材料和纸质材料进行核实并初审。初审同意的，将电子材料连同纸质材料报送农业部行政审批综合办公室。

第五条 农业部行政审批综合办公室主要负责接收行政许可申请人或省级农药检定（管理）机构网上报送的农药田间试验申请许可事项，进行形式审查、受理、交转农业部农药检定所进行技术审查，并将农业部审批结果回复行政许可申请人。

第六条 农业部农药检定所主要负责接收行政审批综合办公大厅网上交转的农药田间试验申请许可事项，并进行技术审查，提出审查意见报农业部种植业管理司，并在农业部批准田间试验许可后制发批准证书。

第七条 农业部种植业管理司根据农业部农药检定所的审查意见提出审批方案，报经部长审批后办理批件，转农业部行政审批综合办公室告知行政许可申请人。

第三章　申请类别

第八条 无需提交纸质申请材料的类别：
（一）相同产品；
（二）扩大使用范围、改变使用方法、变更使用剂量；

（三）卫生用农药。

第九条 需要提交纸质申请材料的类别：

（一）新农药或新农药登记保护期内农药；

（二）新制剂（新剂型、新混配制剂、新药肥混配制剂、剂型微小优化、新含量、新渗透剂或增效剂与农药混配制剂）。

第四章　办理程序

第十条 行政许可申请人登陆农药审批系统，输入用户名和密码（即企业申报电子标签时使用的用户名和密码）后，填报申请表单，上传相关附件并提交申请。

对需要纸质申请材料的，境内行政许可申请人在提交网上申请后，须通过农药审批系统打印填写完整的申请表，连同其他纸质材料于10个工作日内一并报送所在辖区的省级农药检定（管理）机构。未按时提交纸质申请材料的，将予以退回。

境外行政许可申请人按上述有关规定直接向农业部行政审批综合办公室提交申请，报送材料。

第十一条 省级农药检定（管理）机构收到行政许可申请人提交的许可申请后，在15个工作日内按申请类别进行初审。

初审内容主要包括：是否符合国家农药管理有关法规和政策；申请人资质及基本信息审查；申请材料的完整性和一致性；产品的科学性、合理性和安全性；产品含量梯度是否符合规定；试验区域的科学性和合理性。

对无需提交纸质申请材料的农药田间试验网上申请，初审通过的，应在1个工作日内将电子材料发至农业部行政审批综合办公室，书面初审意见经单位主要负责人签字并加盖公章后，每月集中上报农业部农药检定所备案；初审未通过的，应通过农药审批系统及时退回申请人并详细说明理由。

对需要提交纸质申请材料的农药田间试验网上申请，在收到纸质及电子申请材料后进行初审。初审通过的，应在1个工作日内将电子材料发至农业部行政审批综合办公室，通过农药审批系统打印书面初审意见，并经单位主要负责人签字、加盖公章后，在5个工作日内连同纸质申请材料一并报送农业部行政审批综合办公室；初审未通过的，应通过农药审批系统及时退回申请人（含纸质申请材料）并详细说明理由。

第十二条 农业部行政审批综合办公室收到网上申请后，在3个工作日内按申请类别进行受理审查。

审查内容主要包括：申请材料的完整性和一致性；申请人资质及基本信息审（复）核；申请田间试验的农药是否符合国家禁限用规定；产品名称、剂型的规范性审查。

对无需提供纸质申请材料的农药田间试验网上申请，审查通过的，进行网上受理，通过农药审批系统发至农业部农药检定所；审查未通过的，通过农药审批系统退回申请人并详细说明理由。

对需要提交纸质申请材料的农药田间试验网上申请，在收到纸质及电子申请材料后进行审查。审查通过的，进行网上受理，并打印办理通知书，连同纸质申请材料于当日一并交转农业部农药检定所；审查未通过的，通过农药审批系统退回申请人（含纸质申请材料）并详细说明理由。

第十三条 农业部农药检定所收到农业部行政审批综合办公室交转的网上申请后，在规定时限内（无需提交纸质申请材料的类别40个工作日，需要提交纸质申请材料的类别60个工作日），按照有关规定组织技术审查和专家评审，提出审查意见，并通过农药审批系统报农业部种植业管理司，同时报送纸质农药登记审批单。

审查内容主要包括：是否符合国家有关法规和政策；产品的科学性、合理性、有效性和安全性；产品的应用技术；是否具有试验风险和防范措施;申请材料和数据是否真实可信。

第十四条 农业部种植业管理司收到农业部农药检定所报送的审查意见后,在7个工作日内提出审批方案报部长审批,并将审批结果通过农药审批系统反馈农业部行政审批综合办公室,同时将纸质农药登记审批单反馈农业部农药检定所。

第十五条 农业部行政审批综合办公室根据农业部种植业管理司反馈的审批结果,在1个工作日内进行办结处理,并通过农药审批系统反馈申请人。

第十六条 农业部农药检定所根据农业部种植业管理司反馈的审批结果,在10个工作日内制作、发送农药田间试验批准证书。

第五章 安全保障

第十七条 行政许可申请人应如实填报申请材料,并承担相应的法律责任。

第十八条 行政许可申请人通过农药审批系统注册获得的用户名及密码登录使用系统,也可本着自愿的原则,向农业部指定的电子认证服务机构申请使用数字登录使用系统。注册用户名及密码通过系统管理员审核后生效。数字证书申请要求按照电子认证服务机构有关规定执行。

第十九条 省级农药检定(管理)机构、农业部农药检定所、农业部种植业管理司及农业部行政审批综合办公室应根据使用权限进行农药审批系统操作,规范各流程运行,确保网上审批工作有序开展。

第二十条 省级农药检定(管理)机构、农业部农药检定所、农业部种植业管理司及农业部行政审批综合办公室以及使用数字证书的行政许可申请人,应妥善保管数字证书及其密钥,数字证书载体丢失或密钥失控、变更证书所有人身份信息时,应及时通知电子认证服务机构，由电子认证服务机构撤销或变更其数字证书。因数字证书所有人管理不善所造成的后果均由所有人承担。

第二十一条　农药田间药效试验网上审批事项的受理、办理、办结情况，纳入农业部行政许可电子监察系统，实施全过程监督。

第二十二条　不得通过农药审批系统从事以下活动：

（一）制作、复制、传播非法信息；

（二）非法入侵农药审批系统，窃取信息；

（三）违反规定，擅自对农药审批系统中的数据和应用程序进行增加、删除、修改和复制等；

（四）未经授权查阅他人许可信息；

（五）冒用他人名义进行审批操作；

（六）故意干扰农药审批系统畅通；

（七）从事其它危害农药审批系统安全的活动。

第二十三条　对违反本规范的农药田间试验网上审批工作人员，由其所在单位对其提出批评；情节严重或造成重大损失的，由农业部办公厅给予通报批评，并限期整改；构成犯罪的，依法移送司法机关追究刑事责任。

第二十四条　对违反本规范的农药行政许可申请人，视情节轻重给予警告直到取消网上申请资格的处理；构成犯罪的，依法移送司法机关追究刑事责任。

第六章　附　则

第二十五条　本规范由农业部种植业管理司负责解释。

第二十六条　本规范自发布之日起施行。

农药良好实验室考核管理办法（试行）

中华人民共和国农业部公告

第739号

为提高农药登记试验水平，建立和实施我国农药良好实验室规范，根据《农药管理条例实施办法》的有关规定，我部制定了《农药良好实验室考核管理办法》（试行），现予发布施行。

特此公告

二〇〇六年十一月八日

第一章 总 则

第一条 为促进农药良好实验室规范（以下简称农药GLP）实施，进一步提升农药登记试验水平，确保农药登记产品物理和化学性质、残留、毒性和环境等安全性评价数据的科学性和准确性，制定本办法。

第二条 本办法所称农药良好实验室考核是指按照农药GLP准则要求，对农药GLP实验室申请单位（以下简称申请单位）就组织机构、人员、实验设施、仪器设备、运行与管理等进行符合性考查、评价和认可。

第三条 农业部负责制定农药GLP考核技术规范和准则，负责农药GLP实验室考核和监督管理以及国际间农药GLP互认工作。具体工作由农业部农药检定所承担。

第四条 农业部认可的农药GLP实验室，按照农药GLP准则完成的有关试验数据资料,可用于申请农药登记。

第二章 申请与受理

第五条 农药实验室按照农药 GLP 准则从事农药试验 6 个月以上,并完成 2 个以上 GLP 试验的,可以自愿向农业部农药检定所申请考核。

第六条 申请单位应提交以下书面资料和电子文件:

(一)农药良好实验室考核申请表;

(二)申请单位法人资格和实验室资质证明文件;

(三)申请单位简介;

(四)设施和环境条件(包括实验设施分布平面图、外观照片、GLP 与非 GLP 区域划分,管理区域平面图等);

(五)组织机构设置与职责(包括组织机构及框图、各部门或岗位职责);

(六)人员构成情况(包括申请单位负责人、质量保证人员、试验项目负责人及有关试验人员的学历、专业、培训、相关工作经历等);

(七)主要负责人简历;

(八)质量保证部门的组成及运行情况;

(九)标准操作规程目录;

(十)主要仪器设备一览表;

(十一)开展有关农药试验和 GLP 试验情况,包括 GLP 试验总结和试验报告样本 2—3 份;

(十二)申请考核的 GLP 试验项目;

(十三)其他有关资料。

第三章 资料审查与现场考核

第七条 农业部农药检定所应在 3 个月内完成资料审查。对资料符合要求的，组织专家考核组现场考核；对资料不符合要求的，退回申请，书面通知申请单位并说明理由。考核专家库由农业部聘请相关领域有资质的技术人员组成。

第八条 农业部农药检定所根据考核领域从专家库中抽取3名以上专家组成考核组进行现场考核，与被考核机构有利害关系的考核人员应当回避。

第九条 考核组现场考核前应制定考核方案，报农业部农药检定所备案，并提前7天将考核人员名单、考核时间、内容和日程安排通知申请单位。

第十条 申请单位应保证所提供的资料真实、可靠，并按考核组要求协助开展现场考核工作。

第十一条 现场考核实行组长负责制。考核开始前，应向被考核的单位说明考核依据、范围、方式、日程安排和纪律等。

第十二条 考核组应当按照GLP实验室准则、农药良好实验室考核指南和考核方案进行考核，全面、公正、客观地对实验室进行评价，详细记录考核中发现的不符合事项，必要时应现场取证。

第十三条 考核组根据现场考核发现的问题进行评议汇总，提出综合评审意见。综合评审意见应由考核组全体成员签字确认。有不同意见的，应予以注明。

第十四条 考核组应在完成现场考核工作后7个工作日内向农业部农药检定所提交现场考核报告和综合评审意见。考核组对现场考核报告和综合评审意见应保密，不得作为他用。

第四章　审核与发证

第十五条 农业部农药检定所在收到考核组现场考核报告和综合评审意见后30个工作日内完成对现场考核报告和综合评审意见的初审，提出初审意见，报农业部种植业管理司审核。

第十六条 农业部种植业管理司根据审核结果提出审批建议,报部领导审批。符合农药 GLP 准则要求的,由农业部公告,并颁发证书;不符合农药 GLP 准则要求的,由农业部农药检定所书面通知申请单位,并说明理由。

第十七条 《农药 GLP 实验室证书》有效期 5 年。取得该证书的实验室应在有效期届满前 6 个月,依照本办法的规定重新申请 GLP 考核。

第十八条 考核未通过的申请单位再次提出申请的时间至少应间隔 12 个月。

第五章 监督管理

第十九条 农业部农药检定所负责考核专家的有关技术培训和业务指导。

第二十条 考核专家应严格遵守国家法律、法规和纪律,公正、廉洁地从事 GLP 实验室考核活动,不得从事与 GLP 实验室考核相关的有偿咨询服务,对考核中获知的技术或商业秘密负有保密责任。

第二十一条 考核专家应按要求参加有关活动,了解和掌握国内外 GLP 实验室进展,不断提高 GLP 实验室考核水平。

第二十二条 取得《农药 GLP 实验室证书》的实验室应于每年 12 月 31 日前,向农业部农药检定所报送本年度工作总结,包括 GLP 试验、人员培训、组织管理、机构人员变动、质量保证等情况,以及存在的问题和采取或拟采取的措施、建议等。

第二十三条 取得《农药 GLP 实验室证书》的实验室,组织机构、实验环境条件、主要负责人发生重大变化的,应及时向农业部农药检定所报告。

第二十四条 有下列行为之一的,农业部将对有关的农药 GLP

实验室予以通报批评，情节严重的，取消其农药 GLP 实验室资格，撤销其《农药 GLP 实验室证书》。

（一）未按照 GLP 准则进行试验，或编造、修改数据，提供虚假试验检测结果的；

（二）以非 GLP 试验冒充 GLP 试验的；

（三）泄露试验检测委托者要求保密的技术资料、试验内容和试验结果的；

（四）其他违反规定的行为。

第六章　附　则

第二十五条　本办法自 2006 年 12 月 1 日起执行。